Meinen Weg suchen · Schülerheft zum Thema Firmung

Meinen Weg suchen

Schülerheft zum Thema Firmung

Erarbeitet von Günther Peternek
und Ludwig Rendle

Kösel

Text- und Bildquellen

8 Aus: Das Tagebuch der Anne Frank. Lambert Schneider Verlag, Heidelberg ¹⁰1974
11 Kun. Aus: Schenk uns deinen Geist. Arbeitshilfen für den RU. Arbeitsblätter für den Schüler M II, 3. Institut für Religionspädagogik der Erzdiözese Freiburg, Freiburg 1973; Bar Mizwa. Aus: Hans Peter Richter, Damals war es Friedrich. Deutscher Taschenbuch Verlag, München 1985 (dtv pocket Nr. 7800), S. 69ff. (gekürzt)
14 Quelle unbekannt
15 Kürten. Aus: Hermann J. Huber, Gott spielt mit. Film- und Fernsehstars über ihren Glauben. Verlag Herder, Freiburg 1987, S. 11f. (in Auszügen)
16 Gottschalk. Aus: Günther Klempnauer, Was allen Einsatz lohnt. Verlag Herder, Freiburg ³1986, S. 55f. (in Auszügen)
18 Roland P. Litzenburger, aus dem Zyklus Christus der Narr, Blatt 5, Tuscheaquarell 1973. © Nachlaß Roland P. Litzenburger; Emil Nolde, So ihr nicht werdet wie die Kinder, 1929. Öl auf Leinwand. Essen, Museum Folkwang. Foto: Folkwang Museum, Essen. © Stiftung Seebüll, A. und E. Nolde, Neukirchen
19 Lucas Cranach d.J., Christus und die Ehebrecherin, 1545. Staatsgalerie Schloß Aschaffenburg, Bayerische Staatsgemäldesammlungen. Foto: Artothek, Kunstdia-Archiv Jürgen Hinrichs, Peißenberg
20 Henry Büttner, Jesus vor Pilatus, 1970. Feder, Tusche. Im Besitz des Kunstdienstes der Evang. Kirche, Berlin. Aus: Dialog mit der Bibel. Malerei und Grafik aus der DDR zu biblischen Texten. Evangelische Haupt-Bibelgesellschaft zu Berlin, Berlin ²1985
21 Begegnung mit dem Auferstandenen. Buchmalerei. Canterbury, um 1140. Einzelblatt (Detail). London, Victoria and Albert Museum (MS 661v); Liedtext:© E. Bücken
22 Georges Rouault, Ecce homo, 1938/1939. Öl auf Leinwand. Stuttgart, Staatsgalerie. © VG Bild-Kunst, Bonn 1989
26 Liedtext: © J. Pfeiffer Verlag, München
28 Die Schlüsselübergabe an Petrus. Miniatur aus dem Codex von Echternach, um 1043. Bremen, Staatsbibliothek; Fußwaschung. Aus dem Evangeliar Otto III., Bamberg, um 1000. München, Staatsbibliothek, Clm 4453, fol. 237; Otto Dix, Petrus und der Hahn, 1958. Lithographie. © Otto Dix Stiftung, Vaduz; Das Martyrium Petrus und Paulus. Stuttgarter Passionale. Stuttgart, Württembergische Landesbibliothek. Cod. bibl. fol. 56, Abb. 69 (Ausschnitt)
33 Von ihm berührt. Aus: Winfried Neumann, Gebt unserer Welt ein neues Gesicht. Christophorus-Verlag, Freiburg 1989, S. 26f.; Sieger Köder, Hände, 1977. Federzeichnung. © S. Köder
34 Guido Muer, Die sieben Sakramente, 1984. Aquarell. © G. Muer
36 Seepferdchen. Aus: Robert F. Mager, Lernziele und primärer Unterricht. Julius Beltz Verlag, Weinheim 1965, S. 17
44 Aus: L. Lionni, Frederick. © Copyright Gertraud Middelhauve Verlag GmbH, Köln 1978

Fotonachweis

Brücken-Film/EZB, Bielefeld **12** (1×) – Bundeszentrale für gesundheitliche Aufklärung, Köln **10** (1×) – Aus: Cotta-Tonbildschau: **12** (1×) – Stefan Moses, München: **36** (1×) – B. Hoffmann, Mainz: **7** (1×) – KNA, Frankfurt: **22** (2×) – K. Kögel, Kempten: **10** (1×), **32** (1×) – Kösel-Archiv: **31** (1×) – U. Lance, Friedrichshafen: **32** (1×) – Foto Marburg, Marburg: **48** – Mauritius, Mittenwald: **23** – W. H. Müller, Stuttgart: **7** (1×) – G. Peternek, Tettnang: **22** (1×), **31** (1×), **36** (1×), **39**, **40**, **42**, **43** – O. Poss, Siegsdorf: **7** (1×) – Aus: rabs 1/84, S. 21: **10** (1×) – L. Rendle, Oberroth: **7** (1×) – B. Schlicke, Tettnang: **31** (2×), **41** (1×) – H. Schrüfer, München: **15** (1×) – Süddeutscher Bilderdienst, München: **7** (2×), **8**, **15** (1×), **16**, **22** (1×), **32** (1×)

Zugelassen durch die Lehrbuchkommission der Deutschen Bischofskonferenz

ISBN 3-466-50027-3
© 1990 by Kösel-Verlag GmbH & Co., München.
Printed in Germany. Alle Rechte vorbehalten.
Das Werk und seine Teile sind urheberrechtlich geschützt.
Jede Verwertung in anderen als den gesetzlich zugelassenen Fällen
bedarf deshalb der vorherigen schriftlichen Einwilligung des Verlages.

Gesamtherstellung: Kösel, Kempten.
Umschlag: Bine Cordes, Weyarn.

1 2 3 4 5 · 95 94 93 92 91

Inhalt

I.
Kein Kind mehr …
und noch kein Erwachsener –
Der Jugendliche   7

II.
Verantwortlich sein und Aufgaben übernehmen –
Einführung ins Erwachsenwerden   11

III.
Ohne Entscheidung geht es nicht –
Das Leben   14

IV.
Entscheidung für Jesus Christus –
Wer ist das, was heißt das?   17

V.
Das Pfingstereignis –
Die Sendung des Heiligen Geistes   23

VI.
Was der Heilige Geist bei Menschen bewirken kann   27

VII.
Mehr als Worte, mehr als Zeichen –
Die sieben Sakramente   31

VIII.
»… sei besiegelt durch die Gabe Gottes« –
Die Feier der Firmung   39

IX.
Gefirmt und dann…?   44

Meinen Weg gehen   48

I. Kein Kind mehr ...
und noch kein Erwachsener –
Der Jugendliche

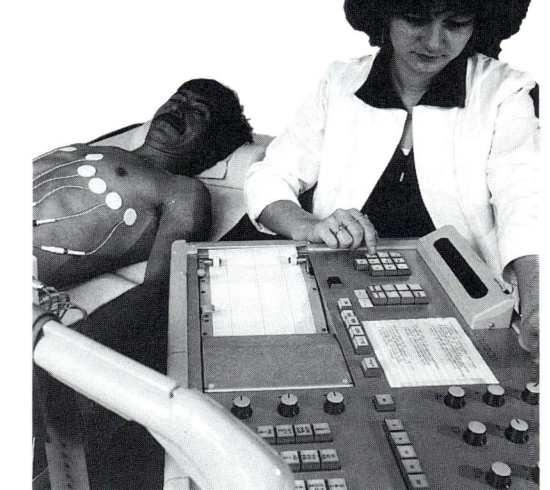

Wie seht ihr euch?

Kinder   Jugendliche   Erwachsene

1. Unverstanden und oft verzweifelt

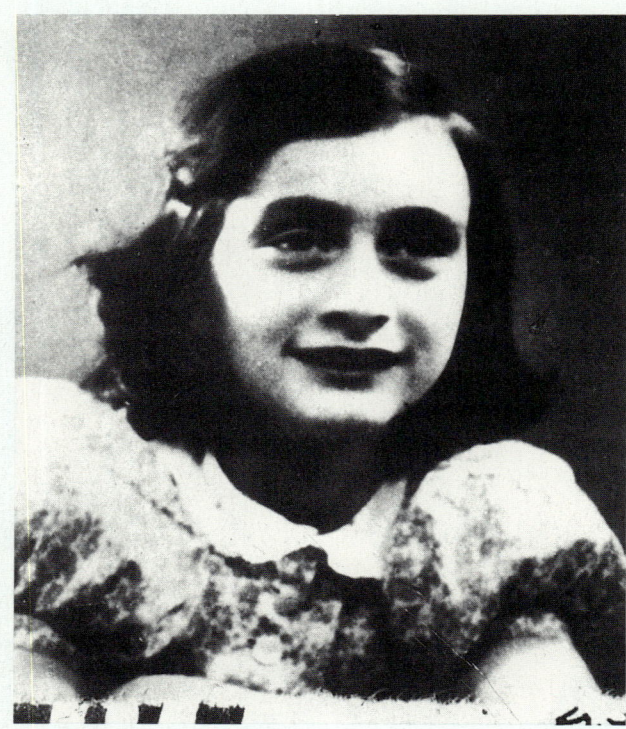

Liebe Kitty!   *Samstag, 30. Januar 1943*

Ich bin außer mir vor Wut, aber ich darf es nicht zeigen. Ich möchte mit den Füßen stampfen, schreien, Mutter durcheinanderschütteln und ich weiß nicht, was noch mehr wegen der bösen Worte, der spottenden Blicke, der Beschuldigungen, die mich jeden Tag aufs neue treffen wie scharfe Pfeile von einem straff gespannten Bogen. Ich möchte Mutter, Margot, Dussel, v. Daans und selbst Vater entgegenschreien: Laßt mich doch, gönnt mir doch Ruhe! Muß ich denn jeden Abend meine Kissen naßweinen und mit brennenden Augen und zentnerschwerem Kopf einschlafen?? Laßt mich, ich möchte fort von allem, am liebsten aus der Welt! Aber es nützt ja nichts. Sie haben ja keine Ahnung von meiner Verzweiflung! Sie wissen nichts von den Wunden, die sie mir schlagen!

Ihr Mitleid und ihre Ironie kann ich schon gar nicht vertragen. Mir ist nur zum Heulen zumute!

Jeder findet mich übertrieben, wenn ich nur den Mund auftue, lächerlich, wenn ich still bin, frech, wenn ich eine Antwort gebe, raffiniert, wenn ich mal eine gute Idee habe, faul, wenn ich müde bin, egoistisch, wenn ich mal einen Löffel mehr nehme, dumm, feige, berechnend usw. usw. Den ganzen Tag höre ich nur, daß ich ein unausstehliches Geschöpf sei, und wenn ich auch darüber lache und so tue, als wenn ich mir nichts daraus machte, ist es mir wirklich nicht gleichgültig. Ich möchte den lieben Gott bitten, mir eine Natur zu schenken, die nicht alle gegen mich aufbringt. Das geht jedoch nicht. Meine Natur ist mir gegeben, aber ich bin nicht schlecht, ich fühle es. Ich bemühe mich mehr, es allen recht zu machen, als sie es nur im entferntesten ahnen. Ich lache mit ihnen, um meinen tiefen, inneren Kummer nicht zu zeigen. Mehr als einmal habe ich bei Auseinandersetzungen Mutter an den Kopf geworfen, wenn sie ungerecht gegen mich war: »Es ist mir gleich, was Du sagst. Ziehe Deine Hände nur von mir ab, ich bin doch ein hoffnungsloser Fall.«

Dann heißt es, daß ich frech bin, und ich werde zwei Tage nicht beachtet, und plötzlich ist alles wieder vergeben und vergessen. Mir ist es aber unmöglich, einen Tag schrecklich nett und lieb mit jemandem zu sein und ihn am nächsten Tag zu hassen! Lieber wähle ich den goldenen Mittelweg, der gar nicht »Gold« ist, behalte meine Gedanken für mich und probiere, ihnen gegenüber ebenso geringschätzend zu sein, wie sie zu mir sind. Wenn ich es nur könnte!   *Anne*

1. **Wie findest du Annes augenblickliche Lage?**
2. **Welche Aussagen Annes kannst du gut nachempfinden? Vielleicht kannst du von solchen Situationen erzählen?**

Unser Lesetip Annes »Brief« stammt aus dem berühmten Buch »Das Tagebuch der Anne Frank«. Informiere dich über das Schicksal der Familie und die Entstehungszeit des Buches. Vielleicht reizt dich dieser Auszug, sogar das ganze Buch zu lesen. Es lohnt sich ganz bestimmt ... (Fischer Taschenbuch Nr. 77).

2. Wie bin ich, was bin ich?

zuverlässig, vertrauensselig, verschwiegen, naiv, vertrauenswürdig, ungeduldig, fortschrittlich, beharrlich, fleißig, launenhaft, frech, gehemmt, schwärmerisch, uneigennützig, oberflächlich, anhänglich, gefügig, ängstlich, empfindlich, unabhängig, anmaßend, anspruchsvoll, unnachsichtig, verletzlich, verschwiegen, eigenständig, selbstbewußt, ehrenhaft, modern, nachsichtig, einsichtig, verständnisvoll, unerbittlich, starrköpfig, unverstanden, zutraulich, überkritisch, strebsam, labil, mißtrauisch, verträumt, offenherzig, bescheiden, aufdringlich, diskret, realistisch, undankbar, egozentrisch, verantwortungsbewußt, abweisend, sentimental, skeptisch, sachlich, kompromißlos, impulsiv, konservativ, neugierig, begeisterungsfähig, reformfreudig, zuverlässig, ehrlich, standhaft, angepaßt, tolerant, urteilsfähig, verträglich, aufgeschlossen, treu ...

3. Ordnet diese Eigenschaften danach, welche für die Kindheit und welche für die Jugendzeit kennzeichnend sind. Schreibt *die* Eigenschaften auf, die einen Erwachsenen auszeichnen sollten!

4. Sucht zu jedem Bild ein Substantiv, das ausdrückt, was das Kind sucht, und diskutiert, ob dies auch noch für euer Alter gilt!

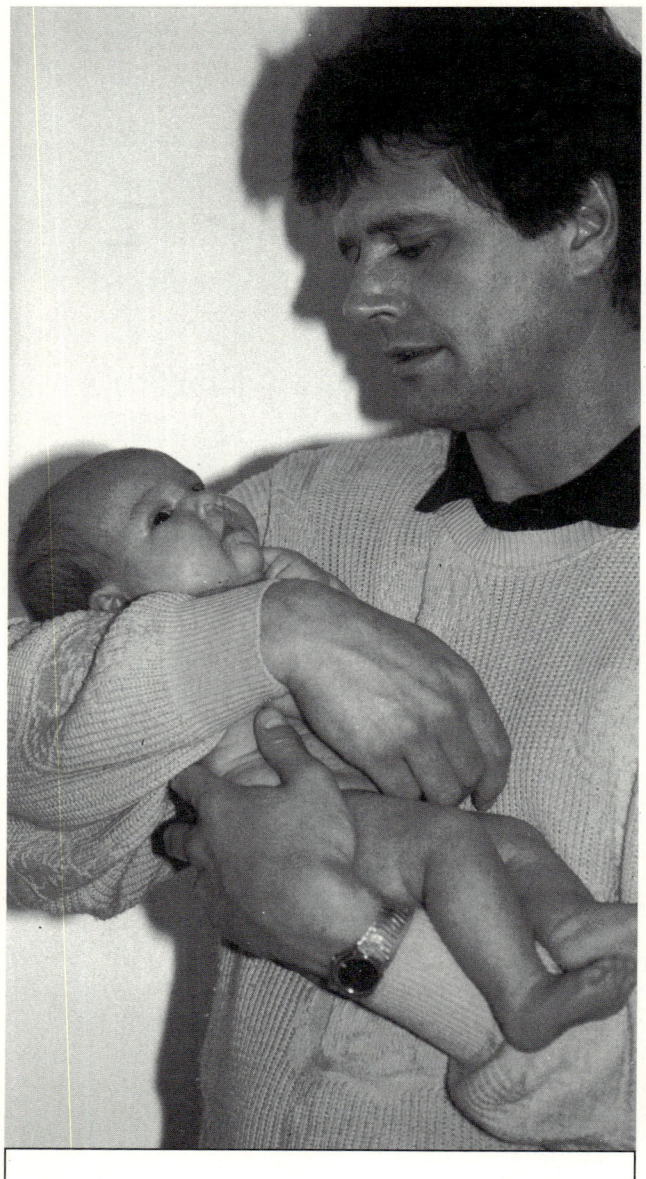
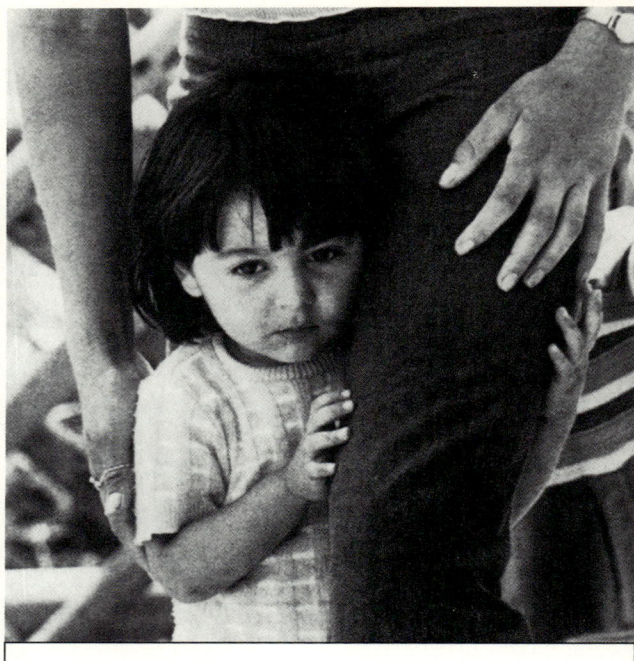
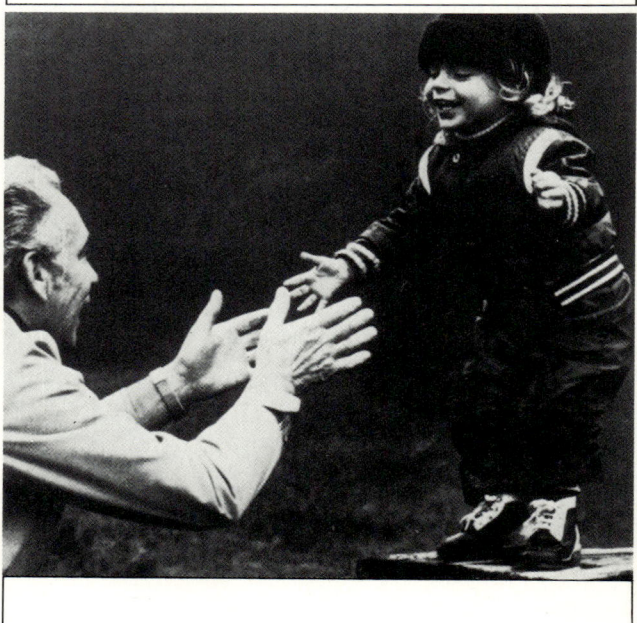

Mädchen und Jungen zwischen 13 und 16 Jahren haben es nicht immer leicht. Sie sind keine Kinder mehr, aber auch noch keine Erwachsenen. Sie befinden sich in einer Art Niemandsland.
Weder bei den Kindern noch bei den Erwachsenen haben sie einen festen Platz. Zu dieser Zeit verändert sich auch ihr Aussehen, und das verunsichert sie. Manche haben es schwer, sich so anzunehmen, wie sie momentan aussehen. Natürlich wirken sich diese ganzen körperlichen Veränderungen auch auf das Gemüt und das Gefühl aus. »Launisch«, sagen die Eltern oft dazu; dabei müßten sie sich klarmachen, wie den Jugendlichen zumute ist: mal ganz »unten«, mal ganz »oben«. Oft fühlen sich die Jugendlichen unverstanden und allein; dabei wollen sie ernst genommen werden und eigenverantwortlich handeln. Sie erwarten Vertrauen und Verständnis, auch wenn mal etwas schiefgeht.
Jugendzeit ist Übergangszeit. Der Jugendliche muß die kindliche Haltung überwinden und selbständig werden, zu einem eigenen Urteil finden, deshalb hinterfragt er die Gewohnheiten und Meinungen der Erwachsenen. Er rebelliert, wenn ihm etwas nicht paßt, er reagiert spontan, impulsiv. Dadurch eckt er oft an und macht manchmal sich und anderen das Leben schwer.

II. Verantwortlich sein und Aufgaben übernehmen – Einführung ins Erwachsenwerden

Der Übergang vom Kind zum Erwachsenen geht nicht sang- und klanglos vor sich. In den meisten Kulturen, Religionen und Weltanschauungen werden Jugendliche in den Kreis der Erwachsenen feierlich aufgenommen. Auf den folgenden Seiten findest du zwei Beispiele dafür:

1. !Kun wird unter die Männer aufgenommen

!Kun gehört zum Volk der Buschmänner. Das Volk der Buschmänner lebt in der Nähe der Kalahariwüste. Diese Gegend ist unfruchtbar und öd, so daß sich die Menschen von der Jagd und vom Sammeln eßbarer Pflanzen ernähren. Wenn ein Junge kein Kind mehr ist, wenn er geschlechtsreif und körperlich stark geworden ist, wird er in die Welt der Erwachsenen aufgenommen. Er muß eine Reihe von Prüfungen ablegen.
!Kun ist ein typischer Junge. Sein Name bedeutet »Mann«, »Mensch« (das Ausrufezeichen vor dem Wort ist die Bezeichnung für einen der Schnalzlaute, die es in der Sprache der Buschmänner gibt).
!Kun erlernt nun, bevor er unter die Männer aufgenommen wird, in harten Übungen das Jägerhandwerk. Dazu gehört neben dem Umgang mit Giftpfeilen auch eine enorme Ausdauer. Schließlich muß der Jäger ein verwundetes Tier oft zwei Tage und länger verfolgen, bis das Gift wirkt. Erst nachdem !Kun sein Können durch Erlegen eines Tieres (meist einer Antilope) bewiesen hat, darf er zur eigentlichen Aufnahme zugelassen werden.
!Kun wird nun mit mehreren anderen Jungen aus verwandten Sippen in ein geheimes Lager geführt, wo sie einen ganzen Monat versteckt bleiben. Sie leben nur von Wurzeln und Beeren und tanzen oft lange in den Nächten. Die älteren Männer erzählen ihnen von der Geschichte ihres Volkes und von den Stammesgottheiten. Den Abschluß dieser Tage bildet ein großes Fest, bei dem die Jungen durch eine ganze Reihe von Mutproben beweisen müssen, daß sie nun wirklich erwachsen sind.
Wenn alle Zeremonien abgeschlossen sind und alle Jungen ins Dorf zurückkehren, hat !Kun endlich das Gefühl, als sei er ein ganzes Stück gewachsen. Jetzt endlich gehört er zu den Männern. Ein wichtiger neuer Lebensabschnitt hat für ihn begonnen.

2. Mit 13 wird Friedrich ein Bar Mizwa

Zwei Jungen wachsen im selben Haus auf, gehen in dieselbe Schulklasse. Jeder wird als einziges Kind von verständnis- und liebevollen Eltern erzogen. Selbstverständlich werden sie Freunde, und jeder ist in der Familie des anderen daheim. Doch Friedrich Schneider ist Jude, und allmählich wirft der Nationalsozialismus seine Schatten über ihn und auf die Freundschaft der Jungen.

Ich war mitgegangen, obwohl mich Vater erst vor einer Woche gebeten hatte: »Zeig dich nicht mehr so oft mit Schneiders Sohn auf der Straße; ich habe sonst Schwierigkeiten.« Nun standen wir im großen Raum der Synagoge, Herr Schneider, Friedrich und ich. Friedrich und sein Vater trugen ihre besten Anzüge; ich daneben hatte nur meine Alltagskleidung an.
Allmählich füllte sich auch die Sitzbank vor der unsrigen. Männer, die Hüte auf dem Kopf, schüttelten uns die Hände und wünschten uns »Schabbes«. Besonders aber für Friedrich fanden sie alle ein freundliches Wort oder klopften ihm auf die Schulter. Nach und nach hoben alle Anwesenden die Sitzbretter ihrer Bank hoch. Darunter befanden sich kleine Fächer.
Friedrich entnahm seinem Fach einen großen weißen Schal, ein Gebetbuch und sein Gebetskäppchen. Dafür verstaute er seine Mütze im Fach. Den Schal mit den langen Fransen berührte er mit den Lippen und legte ihn um. »Mein Tallith, mein Gebetsmantel!« flüsterte er mir zu. Dann schlug auch er sein Gebetbuch auf und betete ebenfalls hebräisch. Manchmal unterbrach er den Gesang des Rabbiners durch einen Zwischenruf, ein andermal stimmte er anscheinend ein ganz anderes Gebet an.
Ich staunte. Woher konnte Friedrich so gut Hebräisch? Er hatte mir nie etwas davon verraten. Er kam mir vor wie einer von den vielen Erwachsenen ringsumher. Hin und wieder schaute Friedrich von seinem Gebetbuch auf und nickte mir zu.
Der Rabbiner betete nach Osten gewandt. Vor der Ostwand, die mit einem roten Vorhang verhängt war, machte er immerfort kleine Verbeugungen, so daß es aussah, als ob er vor- und zurückwippe.
Der Rabbiner öffnete die Tür. Er gab den Blick in die Lade frei.

»Die Thora!« erklärte mir Friedrich.
Die Thora war in einen Umhang gehüllt, mit einer silbernen Krone und einem silbernen Schild verziert.
Der Rabbiner hob sie aus der Lade. In feierlichem Umzug trug er die schweren Rollen durch den ganzen Raum. Überall, wo er vorüberkam, verließen die Gläubigen ihre Plätze. Sie führten ihren Tallith an die Thora und dann zu den Lippen.
»Jetzt kommt die Überraschung!« verriet mir Friedrich. Er schien sehr aufgeregt.
Herr Schneider zog ihn beruhigend an sich. Er klopfte ihm auf die Schulter und strich ihm über das Haar.
Am Betpult nahm man der Thora die Krone, den Schild und den Umhang ab. Die mächtige handgeschriebene Pergamentrolle wurde auf das Pult gelegt. Nacheinander lud der Rabbiner sieben Männer aus der Gemeinde an sein Pult. Als letzten rief er Friedrich auf.

Der Bar Mizwa, der Sohn der Pflicht, wird feierlich gesegnet.

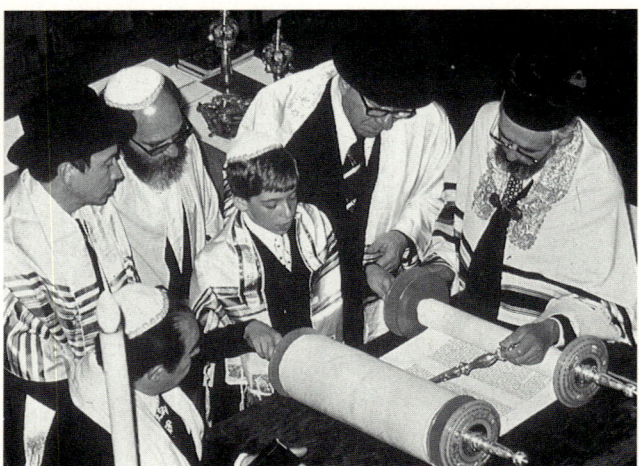

Der Bar Mizwa liest zum erstenmal aus der Thora vor.

Wie die andern berührte auch Friedrich die Thorastelle, die der Rabbiner ihm wies, mit dem Tallith und küßte den Tallith. Dann sang er die Einleitung. Aber während bei den andern der Vorbeter den eigentlichen Thora-Abschnitt gesungen hatte, übernahm Friedrich den silbernen Stift, führte ihn von rechts nach links die Zeilen entlang und sang seinen Thora-Abschnitt allein.
Nachdem Friedrich seinen Thora-Abschnitt rasch und sicher gesungen hatte, berührte er die letzte Stelle wieder mit seinem Tallith und den Tallith mit dem Mund.
Während die Thorarollen wieder mit ihrem Schmuck versehen wurden, las er aus einem dicken Buch den Propheten-Abschnitt. Dann kehrte er zu uns an seinen Platz zurück. Wie zu Beginn übernahm der Rabbiner wieder die Thorarolle und zog mit ihr durch den Raum. Und wieder drängten sich die Gläubigen zu dem Heiligtum hin.
Der Rabbiner hob die Rolle in die Lade, betete noch vor der Lade und verschloß dann die kleine Tür.

Danach trat der Rabbiner vor die Gemeinde und hielt eine kleine Predigt. Zum erstenmal, seit ich in der Synagoge war, redete er deutsch. Diese Predigt galt nur Friedrich; sie zeichnete ihn vor allen Anwesenden aus.
Immer wieder schauten einzelne Männer zu Friedrich hin. Sie nickten ihm lachend und glückwünschend zu.
»Heute, eine Woche nach deinem dreizehnten Geburtstag«, sagte der Rabbiner, »bist du zum erstenmal in deinem Leben aufgerufen worden, vor der Gemeinde einen Abschnitt aus der Thora zu verlesen. Für jeden Juden ist es eine ganz besondere Ehre, die Heilige Schrift verkünden zu dürfen. Der Tag aber, an dem dies zum erstenmal geschieht, ist ein besonderer Tag. Damit beginnt ein neuer Abschnitt deines Lebens. Fortan bist du allein vor dem Herrn für dein Tun verantwortlich. Bis heute hat dein Vater diese Verantwortung getragen, aber von heute an stehst du als gleichwertiges Mitglied der Gemeinde unter uns. Bedenke das!
Befolge die Gebote des Herrn! Niemand kann dir die Schuld abnehmen, wenn du gegen sie verstößt.
In einer schweren Zeit nimmst du eine schwere Pflicht auf dich. Wir sind von Gott auserwählt, dereinst vom Messias in unsere Heimat zurückgeführt zu werden und das Königtum des Messias aufrichten zu helfen. Aber Gott hat uns auch das schwere Schicksal auferlegt, bis zu jenem Tage verfolgt und gepeinigt zu werden.
Immer wieder müssen wir uns daran erinnern, daß der Herr uns dieses Schicksal bestimmt hat. Wir dürfen und können ihm nicht ausweichen, selbst dann nicht, wenn wir glauben, darunter zusammenbrechen zu müssen. Bedenket, die heilige Thora fordert...« und der Rabbiner beendete seine Predigt mit einem Satz in hebräischer Sprache.
Bald danach schloß der Gottesdienst mit einem gemeinsamen Lied.
Ich wartete mit Friedrich und seinem Vater vor der

Synagoge. Wie gern hätte ich gefragt? Aber es ergab sich keine Gelegenheit. Alle Männer aus der Synagoge kamen zu uns und beglückwünschten Friedrich. Man konnte ihm den Stolz vom Gesicht ablesen. Als auch die Frauen die Synagoge verlassen hatten, gingen wir in einem Schwarm von Verwandten und Bekannten nach Hause. Frau Schneider war schon vorausgegangen. Sie empfing uns an der Wohnungstür und geleitete alle in das Wohnzimmer. Dort hatte sie ein feierliches Sabbatmahl hergerichtet. Es gab von allem.

Bevor aber das Festmahl begonnen hatte, hielt Friedrich eine Rede, wie ein erwachsener Redner sie hält.

»Lieber Vater, liebe Mutter, liebe Verwandte«, fing er an. »Der Herr hat uns befohlen, wir sollen Vater und Mutter ehren, damit wir lange in seinem Lande leben, das er uns geschenkt hat. Er möge mir verzeihen, wenn ich seinem Gebot bisher nicht genügend gefolgt bin.

Dreizehn Jahre, durch gute und schlimme Zeiten, liebe Eltern, habt ihr mich aufgezogen und geführt im Gebot des Herrn. Euch und allen, die euch beigestanden haben, verdanke ich es, daß ich heute in die Gemeinde aufgenommen worden bin. Durch mein Denken und Handeln will ich mich dieser Ehre und Pflicht würdig erweisen. Möge euch, liebe Eltern und Verwandte, der Herr einhundertundzwanzig Jahre eines gesunden und frohen Lebens schenken, damit ich die Zeit finde, den Dank abzutragen, den ich euch schulde...«

Frau Schneider weinte.

Herr Schneider blickte vor sich auf den Boden. Zerstreut kramte er in seiner Jackentasche.

Als Friedrich endete, klatschten ihm alle Beifall.

Sein Vater überreichte ihm eine Armbanduhr. Auch die anderen Gäste brachten Geschenke.

»Du«, fragte ich Friedrich leise, »woher kannst du das alles, das Hebräische und die Rede?«

Friedrich lächelte stolz: »Gelernt! Meinen Thora-Abschnitt und die Rede habe ich fast drei Monate üben müssen.« Ich staunte.

Unser Lesetip Hans Peter Richter, Damals war es Friedrich, München 1985, dtv-pocket Nr. 7800

1. **Beschreibt Gemeinsamkeiten dieser beiden Formen, den Übergang vom Kind zum Erwachsenen zu begehen. (Mögliche Gesichtspunkte für diesen Vergleich könnten sein: das Alter – Art und Inhalte der Vorbereitung – die Feier – zukünftige Aufgaben und Erwartungen – der neue Status).**

2. **In der Wissenschaft spricht man bei solchen feierlichen Einführungen in das Erwachsenenleben von »Initiationsriten«. Sucht Gründe, warum diese Riten im gesellschaftlichen Leben eine bedeutende Rolle spielen!**

Bei den sogenannten *Naturvölkern* gibt es in der Regel keine Jugendzeit in unserem Sinne. Mit dem Abschluß der Kindheit beginnt sofort das Erwachsenenalter mit allen Rechten und Pflichten. Besonders die Jungen müssen ihre körperliche und charakterliche Reife in einer Erprobung nachweisen.

Jungen und Mädchen erhalten Kenntnis über alle sexuellen Fragen und über ihre zukünftigen sozialen und wirtschaftlichen Aufgaben in der Familie und im Stamm. Sie sind ja auch mit Abschluß der Kindheit »heiratsfähig«.

Gleichzeitig werden sie in das religiöse Leben und die Traditionen des Stammes eingeführt.

Was also für andere Lebensbereiche gilt, gilt auch für das religiöse Leben: Die Kinder übernehmen meistens zunächst die Anschauungen und das Verhalten der Eltern. Diese tragen die Verantwortung für die religiöse Erziehung.

Mit dem Ende der Kindheit soll sich der junge Mensch dann bewußt und in eigener Verantwortung für ein Leben in der jeweiligen Religion entscheiden.

In einer eigenen Feier wird er in den Kreis der »Verantwortlichen« aufgenommen.

Als Initiation (Einführung) bezeichnet man die bei Religionen und Weltanschauungen übliche Aufnahme eines Jugendlichen in die Gemeinschaft der Erwachsenen mit allen ihren Rechten und Pflichten. Darauf wird der Jugendliche vorbereitet. Da die Aufnahme selbst feierlich nach bestimmten Regeln und Bräuchen vollzogen wird, spricht man von einem Initiationsritus.

III. Ohne Entscheidung geht es nicht – Das Leben

1. Niemand kann alle Wege gehen

Es war einmal ein Wunderknabe, der im zartesten Alter schon die ganze Welt erkannte. Unter der Tür des Elternhauses wußte er über alles Bescheid, und von weither kamen die Menschen, um ihn sprechen zu hören und um seinen Rat zu holen. Er war zum Glück auch ein glänzender Redner und ließ den schwierigsten Fragen die größten Worte angedeihen, und manchmal auch die längsten. Man wußte nicht, woher er sie hatte, wie es bei Wunderknaben so ist. Sie lagen ihm einfach im Mund. Sein Ruf ging in die Welt hinaus, und bald wollte man überall von seinem Wissen profitieren.

So machte er sich auf die Wanderschaft und nahm sich vor, die ganze Welt, über die er immer gesprochen hatte, nun auch zu berühren. Doch kaum eine Stunde von zu Hause kam er an einen Kreuzweg, der ihn zwang, zwischen drei Möglichkeiten zu wählen, denn nicht einmal ein Wunderknabe kann zugleich in verschiedenen Richtungen gehen. Er ging geradeaus weiter und mußte dabei links ein Tal und rechts ein Tal ungesehen liegen lassen. Schon war seine Welt zusammengeschrumpft. Auch bei der nächsten Gabelung büßte er Möglichkeiten ein, und bei der dritten, und bei der vierten. Jeder Weg, den er einschlug, jede Wahl, die er traf, trieben ihn in eine engere Spur. Und wenn er auf den Dorfplätzen sprach, wurden die Sätze immer kürzer. Die Rede floß ihm nicht mehr wie einst, als er ins Freie getreten war. Sie war belastet von Unsicherheit über das unbegangene Land, das er schon endgültig hinter sich wußte.

So ging er und wurde älter dabei, war schon längst kein Wunderkind mehr, hatte tausend Wege verpaßt und Möglichkeiten auslassen müssen. Er machte immer weniger Worte, und kaum jemand kam noch, ihn anzuhören. Er setzte sich auf einen Meilenstein und sprach nun nur noch zu sich selbst. »Ich habe immer nur verloren: an Boden, an Wissen, an Träumen. Ich bin mein Leben lang kleiner geworden. Jeder Schritt hat mich von etwas weggeführt. Ich wäre besser zu Hause geblieben, wo ich noch alles wußte und hatte, dann hätte ich nie entscheiden müssen, und alle Möglichkeiten wären noch da.«

Müde, wie er war, ging er dennoch den Weg zu Ende, den er einmal begonnen hatte, es blieb ja nur noch ein kurzes Stück. Abzweigungen gab es jetzt keine mehr, nur eine Richtung war noch übrig und von allem Wissen und Reden nur ein einziges letztes Wort, für das der Atem noch reichte. Er sagte das Wort, das niemand hörte, und schaute sich um und merkte erstaunt, daß er auf einem Gipfel stand. Der Boden, den er verloren hatte, lag in Terrassen unter ihm. Er überblickte die ganze Welt, auch die verpaßten Täler, und es zeigte sich also, daß er im Kleiner- und Kürzerwerden ein Leben lang aufwärts gegangen war.

1. Was bedeutet es für den Wunderknaben, daß er sich jeweils nur für eine Möglichkeit entscheiden kann?

2. Nenne wichtige Entscheidungen, die von dir oder deinen Eltern getroffen worden sind, oder die du in den nächsten Jahren treffen wirst!

3. a. Überprüfe anhand dieser Beispiele die Aussage: »Entscheidungen engen mich nur ein!«
   b. Deute den letzten Satz der Geschichte vom Wunderknaben: »Er überblickte die ganze Welt...«!

**4. Versuche, untenstehendes Foto als Bild deiner Situation zwischen Kindheit und Erwachsensein zu lesen! Z. B. »Weggabelung« – »ich weiß nicht ob ich das Abitur anstreben soll«.
Teilt euch eure Deutungen mit.**

Entscheidungen treffen, ist Zeichen der Freiheit des Menschen. Aber oft fällt es schwer, sich zu entscheiden, denn man hat die Qual der Wahl, und oft weiß man nicht, welche Entscheidung die richtige ist. Wer sich entscheidet, muß Möglichkeiten auslassen und sich festlegen. Aber wer sich in einem Bereich entschieden hat, kann sich von diesem Standpunkt aus anderem zuwenden. Neue Möglichkeiten eröffnen sich ihm, und er wird freier.

2. Menschen, die sich entschieden haben

Dieter Kürten
Sportreporter, Moderator des »Aktuellen Sportstudios«, seit 1984 Sportchef des ZDF

Nach seinen eigenen Worten ist Kürten auch ein sehr glücklicher Ehemann und Vater von zwei Töchtern. Wenngleich er nach arbeitsreichen Tagen manchmal das Bedürfnis hat, sich für einen Augenblick zurückzuziehen, würde er sich am liebsten in einer Großfamilie aufhalten: »Mich zieht es immer wieder in die Gemeinschaft. Deshalb fühle ich mich auch in meiner katholischen Hochschulgemeinde ganz besonders wohl.« Der praktizierende Christ ist u. a. als Lektor im Gottesdienst der Mainzer Kirchengemeinde St. Albertus tätig. In der sich »alles sammelt, vom Hochschulprofessor bis zum Bauern«. Ich frage den erfolgsgewohnten Fernsehmoderator, ob es im täglichen Leben nicht schwer sei, nach den Weisungen Jesu zu leben, wenn er z. B. in der Bergpredigt fordert: »Liebet eure Feinde und betet für die, die euch verfolgen.« Mein Gesprächspartner antwortet: »Ein schärfer skizziertes Beispiel als die Bergpredigt gibt es wohl kaum für unser Zusammenleben. Die Bergpredigt ist der Maßstab für mein Leben. Natürlich gibt es Widersacher, die mir das Leben schwermachen und die ich am liebsten meide. Dazu muß ich mich überwinden. Oft habe ich das Gefühl: »Mensch, das wirst du nicht hinkriegen. Aber ich muß mit bestimmten Menschen zusammenleben und einen Weg finden und ihnen auf keinen Fall Böses wollen.«

»Was zieht Sie eigentlich immer wieder zu Christus hin?« *Kürten:* »Das Faszinierende an Jesus ist, daß er es als Gott geschafft hat, sich mit den Menschen zu identifizieren. Dadurch vermittelt er uns das Gefühl, seine Gesinnung ausleben zu können. Je mehr ich mich auf Christus einlasse und seinen Geist in mir wirken lasse, um so leichter fällt es mir, andere Menschen so anzunehmen, wie Christus sie angenommen hätte. Keinen Menschen hat Jesus abgewiesen, unabhängig davon, welche teuflischen Rollen er bisher gespielt hat. Er war imstande, allen Menschen zu sagen: ›Auch für dich hab' ich Platz und für dich bin ich da!‹«

Seine Gottes- und Nächstenliebe inspiriert auch sein soziales Engagement, das von der Finanzierung vieler Patenschaften in der Dritten Welt bis zur Mitbegründung einer Kinderhilfe für Polen reicht. Als Kürten vor unserem gemeinsamen Mittagessen die Hände faltet und betet, frage ich ihn anschließend nach seinem Beweggrund: »Alles, was ich bin und habe, nehme ich aus Gottes Hand. Ich bin dankbar geworden. Wenn ich in Not bin oder Zweifel habe, wende ich mich an Christus, und dann fallen die Sorgenlasten von mir ab. Darauf kommt es an. Alles andere sind Randerscheinungen. Das fängt im Beruf an und hört bei irgendwelchen Vergnügungen auf.«

Thomas Gottschalk geb. 18. 5. 1950 in Bamberg, Filmschauspieler, Showmaster

Glaubt der Christ Gottschalk, daß wir vielleicht alle zu wenig in unserem direkten Umfeld tun, wir uns mehr für unsere Mitmenschen engagieren müßten?

»Was jeder einzelne tut, kann er nur vor seinem eigenen Gewissen verantworten. Daß ein Christ mehr tun sollte als die Norm, das verstünde sich von selbst. Ich glaube auch, daß viele, ohne es an die große Glocke zu hängen, sehr wohl ihren sozialen Instinkt gebrauchen. Wenn ich mich mit meinen Taten brüste, hat die Tat doch schon ihren Sinn verloren.«

Läßt sich Religiosität in Ihrem Metier, das für die Tiefe oft sehr wenig Raum hat, überhaupt ausleben?

»Entscheidend ist doch, daß der einzelne, der im Scheinwerferlicht steht, für sich selbst damit klar kommt. Wenn ich mein natürliches Christsein mit dem, was ich auf der Bühne oder im Studio tue, nicht mehr deckungsgleich bringe, dann gibt es wahrscheinlich ein Signal, das mich darauf aufmerksam macht.«

5. Untersuche, wofür sich Dieter Kürten und Thomas Gottschalk entschieden haben! Welche Gründe geben sie für ihre Entscheidung an und welche Konsequenzen ziehen sie daraus?

Unser Lesetip Du kannst noch mehr über andere Sportler und Stars und ihre Einstellung zum christlichen Glauben erfahren in den beiden Taschenbüchern: G. Klempnauer, Was allen Einsatz lohnt, Herder TB 1133. H. J. Huber, Gott spielt mit, Herder TB 1372.

Am jetzigen Punkt meines Lebens, an der Schwelle zum Erwachsenwerden, bin ich mehr als in früheren Jahren in vielen Bereichen gefordert, mich zu entscheiden, z. B. welche Schullaufbahn ich einschlagen soll, wen ich mir als Freund wähle. Ich soll und will selbst Verantwortung für mein Leben übernehmen. Auch in meinem religiösen Leben kann ich mich entscheiden. Lasse ich mich firmen, so unterschreibe ich gewissermaßen selbst, den mit meiner Taufe begonnenen Weg zum Christ-Sein fortzusetzen. Ich sage: Ja, es ist gut so. Ich will diesen Weg als mündiger Christ weitergehen. Aber weiß ich auch, was das heißt?

Solange ich lebe, muß ich mich entscheiden, muß Stellung nehmen, muß ja oder nein sagen.
So hast du es gewollt, Schöpfer des Menschen, daß ich mich entscheide für einen Beruf, für einen Lebensgefährten, für eine Partei, für dich.
Aber nicht nur an den breiten Kreuzungen des Lebens muß ich wählen, auch an den schmalen, wo es »nur« um einen Film, eine Zeitung, einen Witz geht.
Hab Dank, Schöpfer des Lebens, daß ich entscheiden, daß ich die Lebensweichen mitstellen darf, daß ich mehr bin als ein willenloses Zahnrad im Räderwerk der Zeit.
Herr, oft habe ich Angst vor Entscheidungen, schiebe sie anderen zu, versuche, mich vorbeizudrücken, gehe weder links noch rechts, weder vor noch zurück.
Herr, ich will mich für dich entscheiden – in allen Fragen des Lebens, jeden Tag – ein ganzes Leben lang.
Komm mir zu Hilfe, daß ich das Rechte erkenne. Gib mir Mut, es zu wählen. (Gotteslob 23,3)

IV. Entscheidung für Jesus Christus – Wer ist das, was heißt das?

Kaum zu glauben, aber in unseren Tagen wirklich passiert:
In einem kleinen Dorf in Mecklenburg (DDR) betritt ein Lehrer mit zehn Schülern die Kirche. Nachdem sie hier und da herumgeschaut haben, bleibt einer vor dem Kreuz stehen und zeigt auf den, der daran hängt. »Was ist denn mit dem?« fragt er. Der Lehrer gibt die Frage an die anderen weiter: »Wer weiß es?« Und siehe da: Keiner von ihnen kennt den Gekreuzigten!

1. Stop! Ehe du weiterliest: Was hättest du geantwortet?

2. Was denkst du über die Reaktion der Schüler?

3. Was würdest du auf die Frage antworten: »Wer ist Jesus für dich?«

1. Der Weg Jesu – auch dein Weg?

Jesu – ein Jude aus einfachen Verhältnissen

Jesus war Jude. Er wurde um das Jahr 6 vor unserer Zeitrechnung in dem von den Römern besetzten Palästina geboren. Die Bibel nennt Betlehem als seinen Geburtsort. Er stammt aus einfachen Verhältnissen und wächst in Nazaret in Galiläa auf. Um das Jahr 26 oder 28 beginnt er, in der Gegend um den See von Gennesaret zu wirken.

Jesu Botschaft: Gott liebt euch alle

Die Art seines Auftretens und seine Worte erregen Aufsehen. Alles, was die jüdischen Propheten angekündigt haben, sagt Jesus, findet jetzt durch ihn statt: »Die Zeit ist erfüllt, das Reich Gottes ist nahe. Kehrt um und glaubt an das Evangelium« (Mk 1,15). Für diese Aufgabe empfängt er in der Taufe den Heiligen Geist. Dieser macht offenbar, wer Jesus ist: »Gottes geliebter Sohn« (Mk 1,9–11). In diesem Bewußtsein liest Jesus in der Synagoge von Kafarnaum (Lk 4,16–37) die Stelle aus dem zweiten Buch des Propheten Jesaja vor: »Der Geist des Herrn ruht auf MIR, denn der Herr hat MICH gesalbt. Er hat MICH gesandt, damit ICH den Armen eine gute Nachricht bringe und damit ICH den Gefangenen Entlassung verkünde und dem Blinden das Augenlicht; damit ICH die Zerschlagenen in Freiheit setze und ein Gnadenjahr des Herrn ausrufe.« (Jes 61,1f.).
Und wie er beim Vorlesen schon immer ICH gesagt hat, so bekräftigt er dies nun gänzlich unverhohlen vor der gespannt lauschenden Zuhörerschaft: »Ja, ICH BIN der, ICH vollbringe das alles, hier und heute, mitten unter euch.«
Für die Ohren gläubiger Juden ist das ungeheuerlich. Wer darf »ICH BIN ES« sagen außer Gott allein? Denn das ist Gottes eigener Name: JAHWE! Wer ihn überhaupt nur ausspricht, lästert schon Gott. Und der hier, Jesus, wendet ihn sogar auf sich selber an ...
Und dann hieß es bei Jesaja ja noch: »Der Herr hat MICH gesalbt.« Darin steckt die Hoffnung der Juden auf den langerwarteten »Gesalbten Gottes«, auf den »Messias«, den »Christus«. Jesus von Nazaret – der »Christus«? Wenn das wahr wäre! Das wäre die neue Zeit: mit der Befreiung von Fremdherrschaft, mit der Gerechtigkeit für die Armen, mit der Heilung der Behinderten und damit, daß Frieden unter den Menschen einkehrt. Israel würde zum »Licht der Völker«, und alle Völker würden Gott erkennen.
Jesus, *der* »Christus«, das Zeichen Gottes, und Israel, das Zeichen für Christus unter den Völkern! Zu schön, um wahr zu sein!
Die Leute staunen und wundern sich. Einige sind sehr betroffen und folgen ihm. Andere entsetzen sich über den Anspruch, so in Gottes Namen zu sprechen, und wollen ihn einen Felsen hinabstürzen. Verwandte meinen, »er ist von Sinnen« (Mk 3,20f.).
Mit Autorität beruft Jesus Menschen, »ihm nachzufolgen«. Mit unerhörter Vollmacht beansprucht er, landläufige Maßstäbe auf den Kopf zu stellen. Wo alle Welt nach Besitz und Erfolg jagt, nennt er Arme »selig«. Wo alle danach trachten, »in« zu sein, angepaßt und etabliert, macht er Außenseiter zu Vorbildern des Glaubens: den Zöllner Zachäus, den andersgläubigen hilfsbereiten Mann aus Samarien, ein Kind ohne Leistung und Nutzen.

Roland P. Litzenburger († 1987)
Christus der Narr

Wo die Gesetzestreuen mit Steinen werfen wollen, wendet er sich der Sünderin zu und vergibt ihr, was kein Mensch, sondern nur Gott kann (Mk 2,7.10). Wo alle perfekt sein wollen und Pannen nicht vorgesehen sind, umarmt er Aussätzige und Behinderte, was nach jüdischem Gesetz unrein macht und vom Gottesdienst ausschließt. Jesu verblüffend einfache gute Nachricht lautet: »GOTT LIEBT EUCH ALLE. ER STEHT AUF DER SEITE DER MENSCHEN.«

Darüber macht er nun keine Sprüche oder formuliert nur Theorien. Er redet einfach, in Bildern und Vergleichen, die jeder verstehen kann, weil sie mitten aus dem täglichen Leben stammen – von Senfkorn und Salz, von Kornfeld und Hochzeit, vom Verhältnis des Vaters zu seinen Söhnen. Alles ist für ihn durchsichtig auf Gott, auf seine Erhabenheit und Güte hin. Dabei redet er von Gott so, als ob er für ihn das Allernatürlichste wäre, ein Stück seines Lebens, seines Wesens, sein Atem. Er redet von Gott nicht bombastisch, sondern ganz zärtlich: »Abba«, d. h. »mein lieber Papa«. Diese Anrede klingt ebenso unfeierlich wie respektlos, ja sie erscheint vielen als Gotteslästerung, denn der fromme Jude wagt Gott nicht einmal bei seinem Namen zu nennen. Jesus aber beansprucht mit seiner Anrede ein einzigartiges Gottesverhältnis. Er steht zu Gott wie ein Kind, wie ein Sohn zu seinem Vater, so vertraut und so vertrauend, so abhängig und eigenständig zugleich. Und doch macht Jesus in der Stellung zu Gott einen grundsätzlichen Unterschied zwischen sich und den anderen Menschen. Er spricht immer von »meinem Vater« und von »eurem Vater« (Mt 18,14.35). Weil er Gott so nahe ist, beansprucht er, in einmaliger Weise an dessen Vollmacht teilzunehmen: »Mir ist von meinem Vater alles übergeben worden; niemand kennt den Sohn, nur der Vater, und niemand kennt den Vater, nur der Sohn und der, dem es der Sohn offenbaren will.« (Mt 11,27) Viele Menschen fühlen sich in Jesu Nähe wohl und vertrauen sich ihm an. Sie spüren, der ist nicht überspannt, nicht verstiegen, ohne Tricks und Gags – der ist »echt«, durch und durch gut. Mancher, den Jesus anblickt, fühlt sich wie von Gott selbst angeschaut. In der Art, wie er Kranke berührt und ihnen die Hände auflegt, spüren sie sein Wesen, Gottes Geist.

Geradezu Erkennungs- und Deutezeichen seines Lebens und seines Auftrags an seine Jünger sind die Fußwaschung sowie das Brechen, das Teilen und Miteinanderessen des Brotes beim letzten Abendmahl. Was Jesus von der Liebe Gottes sagt und zeigt, ist nicht nur symbolisch und geistig gemeint; es hat handgreifliche Folgen. Er macht Blinde sehen, Lahme gehen, Aussätzige rein, durch ihn stehen Tote auf, und er verkündet den Armen das Evangelium (vgl. Mt 11,5). Ist das nicht jenes, was der Prophet Jesaja für die Zeit des Reiches Gottes erwartet hat? Jesu Wundertaten heilen die Nöte der Menschen: ihren Hunger und Durst, ihre Krankheit und Sünde, ihre Trauer und Einsamkeit angesichts von Schuld und Tod. Sie sind Zeichen für den Anbruch der neuen Zeit. Wer Wunder nur als Zaubertricks zur Befriedigung von Neugierde und Sensationslust sehen will, dem verweigert

Emil Nolde († 1956)
»So ihr nicht werdet wie die Kinder«

Lucas Cranach d. J. († 1586), Christus und die Ehebrecherin

Jesus sie. Er nimmt auch nichts dafür. Er sucht durch sie nicht seinen eigenen Vorteil. Er übertölpelt die Menschen nicht mit Hokuspokus, sondern geht mit ihnen göttlich um: Er hilft aus Barmherzigkeit und fordert die Freiheit der Menschen heraus, an ihn zu glauben und umzukehren.

An Jesus scheiden sich die Geister

An dem, was er redet und tut, merken viele, dieser ist mehr als alle Großen der Geschichte Israels, mehr als die Priester, Propheten und Lehrer. Er redet und handelt »wie einer, der (göttliche) Vollmacht hat« (Mk 1,22).
Gerade das aber reizt seine politisch und religiös mächtigen Gegner, deren Beruf es ist, Gottes Willen verbindlich auszulegen, zum Widerspruch. Weil sie befürchten, es könnte Unruhe entstehen, beschließen sie, Jesus zu beseitigen.

Menschen entscheiden sich gegen ihn

Als sich Jesus um das Jahr 30 n. Chr. zum Pesachfest in Jerusalem aufhält, lassen seine Gegner ihn verhaften. Von einem Jünger wird er verraten, einer verleugnet ihn, alle lassen ihn im Stich. Wie jeder Mensch fürchtet Jesus sich vor dem Leiden und Sterben. In seiner Angst vertraut er sich Gott, seinem Vater, an. Er betet um die Abwendung des Todes. Aber nicht sein, sondern des Vaters Wille soll geschehen (Mk 14,36), denn er will Gottes Liebe zu den Menschen leben – bis zum Ende. Den Weg, den Gott bestimmt, nennt er seine »Speise«, so sehr fühlt er sich mit ihm eins. Und Gott erhört sein Gebet. Aber nicht, indem er ihn vom Todesschicksal befreit, sondern indem er ihm Kraft gibt, Leiden und Tod zu bestehen.
Jesus wird vor den Hohen Rat, die höchste Instanz der Juden in Jerusalem, gestellt. Dieser verurteilt ihn wegen Gotteslästerung zum Tode. Darauf wird Jesus dem römischen Statthalter Pontius Pilatus übergeben. Selbst feige und hilflos, bringt ihn die jüdische Oberbehörde dazu, Jesus wegen »politischen Aufrührertums« zur Hinrichtung am Kreuz zu verurteilen. Die Strafe wird vor den Mauern Jerusalems auf dem Hügel Golgota vollstreckt. Freunde bestatten Jesu Leichnam in einem Felsengrab.

Henry Büttner (* 1927), Jesus vor Pilatus

Mit Kreuzestod und Begräbnis scheint nunmehr »der Fall Jesus von Nazaret« klar und ein für allemal erledigt. Es ist also doch wieder einmal bewiesen: Wer Liebe lebt, endet im Tod; der Gute ist und bleibt der Dumme! Viele fragen sich: Ist Jesus ein »Größenwahnsinniger« gewesen? Die Bibelfesten erinnern an die Stelle Deuteronomium 21,23: Ein am Kreuzespfahl Gehenkter ist von Gott verflucht. Auch die Jünger erwarten keine Wende mehr. Ängstlich fliehen sie aus der Stadt und verkriechen sich vor Scham.

Gott hält zu ihm – und zu uns

Dann plötzlich, womit niemand mehr gerechnet hat, die Wende! Die Jünger treten als Zeugen dafür auf, daß Jesus lebt. Der Gekreuzigte gibt sich ihnen zu erkennen. Er erscheint ihnen. Diese Wende ist weder Einbildung noch Wahn, denn sie geht nicht von den Jüngern selbst aus. Denn wer Jesus wirklich war, darüber kann letztlich nur der Auskunft geben, auf den Jesus seine ganze Existenz gründete und dessen Vollmacht und Sendung er ganz für sich beansprucht hatte: Gott. Die Erscheinungen zeigen den Jüngern: Gott hat Jesus auferweckt. Allmählich begreifen sie, was es bedeutet, daß Gott Jesus nicht im Tod gelassen hat. Was ihnen am irdischen Jesus nur als Ahnung und Vermutung aufging (Mk 4,41), das ist nun im Licht des Ostermorgens Gewißheit: Der irdische Jesus war und ist gerade auch als der Gekreuzigte und Auferstandene der Sohn Gottes. Gottes Liebe geht über den Tod hinaus. Sie ist grenzenlos mächtig. Deshalb ist Jesu Tod am Kreuz kein Scheitern, sondern bringt die Erlösung aller Menschen von Sünde und Tod. Wer an Jesus Christus glaubt, wird leben, auch wenn er verfolgt wird und sterben muß. Wer sich ihm öffnet, wird befreit von dem Zwang, sein Heil durch Geld, Macht und Ansehen erringen zu müssen. Wer wie er andere liebt, wird frei von der Verschlossenheit in sich selbst, und eine neue Gemeinschaft unter den Menschen kann entstehen.

Gott ist weiterhin den Menschen nah – durch den Heiligen Geist, den der Vater und der Sohn senden

Um diese freudige Nachricht zu begreifen und zu beherzigen, verheißt der Auferstandene den Jüngern den Heiligen Geist. Er wird sie »in die ganze Wahrheit führen« (Joh 16,13). In seiner Kraft werden sie Zeugen sein für Jesus Christus »in Jerusalem und in ganz Judäa und Samarien und bis an die Grenzen der Erde« (Apg 1,8). Bei ihrer Sendung brauchen sie keine Angst zu haben, sagt Jesus, denn: »ICH BIN BEI EUCH alle Tage bis zur Vollendung der Welt« (vgl. Joh 14).

4. Mache dort ein Ausrufezeichen an den Rand, wo Jesus dir imponiert, und ein Fragezeichen dort, wo du etwas nicht verstehst!
5. Der Name »Jesus« ist wie ein Programm, er bedeutet: »Jahwe hilft, Jahwe ist Rettung«. In welchen Situationen des Lebens Jesu wird dies besonders klar?

6. a. Betrachtet die Jesusbilder und bringt sie in Beziehung zu Begebenheiten im Leben Jesu!
   b. Sprecht darüber, was die Künstler darin über Jesus und über die Menschen auszudrücken versuchen.

Niemand hat Gott je gesehen. Jesus ist das endgültige und unübertreffliche Zeichen Gottes in der Welt, denn er ist Gottes Sohn. Er hat sichtbar gemacht, daß Gott das Heil der Menschen will. Durch und durch war er vom Geist Gottes erfüllt, von der Liebe Gottes zu allen Menschen. Im Heiligen Geist hat er sein Leben und seinen Tod bestanden. Durch ihn ist er auferweckt worden. Durch ihn ruft Jesus Menschen in seine Nachfolge, Zeichen der Liebe Gottes in der Welt zu sein.

T: Eckart Bücken / M: Gerd Geerken
aus: Neue geistliche Lieder 3 (BE 809)
© Gustav Bosse Verlag, Regensburg

1. Liebe ist nicht nur ein Wort, Liebe, das sind Worte und Taten. Als Zeichen der Liebe ist Jesus geboren, als Zeichen der Liebe für diese Welt.

2. Freiheit ist nicht nur ein Wort,
   Freiheit, das sind Worte und Taten.
   Als Zeichen der Freiheit ist Jesus gestorben,
   als Zeichen der Freiheit für diese Welt.

3. Hoffnung ist nicht nur ein Wort,
   Hoffnung, das sind Worte und Taten.
   Als Zeichen der Hoffnung ist Jesus lebendig,
   als Zeichen der Hoffnung für diese Welt.

Unser Lesetip

Wenn Du mehr über Jesus wissen willst, weil Du Dich fragst, was man mit ihm »anfangen« kann, lies z. B. ein Evangelium des Neuen Testamentes oder das spannend geschriebene Jesus-Taschenbuch: Winfried Pilz, Der springende Punkt: Jesus. Paderborn 1988

Wenn dir einer in meiner Vollmacht
und zu meinem Gedächtnis Brot und Wein
als meinen Leib und mein Blut reicht ...
das BIN ICH.

Liebt einander,
wie ICH
euch geliebt habe.

Jesus fragt:
»Du aber
was sagst Du,

wer ICH BIN?«
(Mt 16,15)

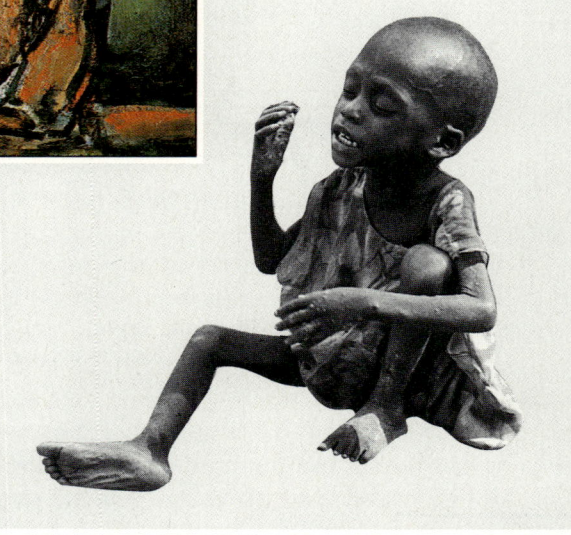

Wo zwei oder drei
in meinem Namen versammelt sind,
da BIN ICH mitten unter ihnen.

Was ihr für einen meiner geringsten
Brüder getan habt,
das habt ihr MIR getan.

V. Das Pfingstereignis – Die Sendung des Heiligen Geistes

1. Sieh dir die Bilder an und lasse sie auf dich wirken! Was wird in ihnen über das Feuer ausgesagt?
2. Sucht bildhafte Vergleiche und Redensarten, in denen Feuer vorkommt, und erarbeitet, was damit ausgesagt werden soll!
3. Sprecht darüber, wie es in einer Gruppe, z. B. in einer Schulklasse oder einer Fußballmannschaft, zugeht, in der kein guter Geist herrscht!

Als der Pfingsttag gekommen war, befanden sich alle am gleichen Ort. ²Da kam plötzlich vom Himmel her ein Brausen, wie wenn ein heftiger Sturm daherfährt, und erfüllte das ganze Haus, in dem sie waren. ³Und es erschienen ihnen Zungen wie von Feuer, die sich verteilten, auf jeden von ihnen ließ sich eine nieder. ⁴Alle wurden mit dem Heiligen Geist erfüllt und begannen, in fremden Sprachen zu reden, wie es der Geist ihnen eingab.

⁵In Jerusalem aber wohnten Juden, fromme Männer aus allen Völkern unter dem Himmel. ⁶Als sich das Getöse erhob, strömte die Menge zusammen und war ganz bestürzt, denn jeder hörte sie in seiner Sprache reden. ⁷Sie gerieten außer sich vor Staunen und sagten: Sind das nicht alles Galiläer, die hier reden? ⁸Wieso kann sie jeder von uns in seiner Muttersprache hören: ⁹Parther, Meder und Elamiter, Bewohner von Mesopotamien, Judäa und Kappadozien, von Pontus und der Provinz Asien, ¹⁰von Phrygien und Pamphylien, von Ägypten und dem Gebiet Libyens nach Zyrene hin, auch die Römer, die sich hier aufhalten, ¹¹Juden und Proselyten, Kreter und Araber, wir hören sie in unseren Sprachen Gottes große Taten verkünden. ¹²Alle gerieten außer sich und waren ratlos. Die einen sagten zueinander: Was hat das zu bedeuten? ¹³Andere aber spotteten: Sie sind vom süßen Wein betrunken.

¹⁴Da trat Petrus auf, zusammen mit den Elf, er erhob seine Stimme und begann zu reden: Ihr Juden und alle Bewohner von Jerusalem! Dies sollt ihr wissen, achtet auf meine Worte! ¹⁵Diese Männer sind nicht betrunken, wie ihr meint, es ist ja erst die dritte Stunde am Morgen, ¹⁶sondern jetzt geschieht, was durch den Propheten Joël gesagt worden ist: . . .

²²Israeliten, hört diese Worte: Jesus, den Nazoräer, den Gott vor euch beglaubigt hat durch machtvolle Taten, Wunder und Zeichen, die er durch ihn in eurer Mitte getan hat, wie ihr selbst wißt – ²³ihn, der nach Gottes beschlossenem Willen und Vorauswissen hingegeben wurde, habt ihr durch die Hand von Gesetzlosen ans Kreuz geschlagen und umgebracht. ²⁴Gott aber hat ihn von den Wehen des Todes befreit und auferweckt, denn es war unmöglich, daß er vom Tod festgehalten wurde . . .

³⁷Als sie das hörten, traf es sie mitten ins Herz, und sie sagten zu Petrus und den übrigen Aposteln: Was sollen wir tun, Brüder? ³⁸Petrus antwortete ihnen: Kehrt um, und jeder von euch lasse sich auf den Namen Jesu Christi taufen zur Vergebung seiner Sünden, dann werdet ihr die Gabe des Heiligen Geistes empfangen . . . ⁴¹Die nun, die sein Wort annahmen, ließen sich taufen. An diesem Tag wurden (ihrer Gemeinschaft) etwa dreitausend Menschen hinzugefügt.

(Apg 2,1–16.22–24.37–38.41)

Pfingsten
war bei den Juden ursprünglich das »Wochenfest«, das sie sieben Wochen nach dem Beginn der Ernte feierten. Man opferte die ersten Erntegaben im Tempel. Darüber hinaus beging man Pfingsten als Dankfest für das Zehngebot und als Abschluß des Pesachfestes.

Wie ein Sturm
Das hebräische Wort für Sturm, Wind – ruach – hat auch die Bedeutung von Hauch, Atem, Geist. Wind und schwere Wolken, oft begleitet von Donner, Blitz und Beben, werden im Alten Testament als Zeichen gebraucht, wenn von einer Erfahrung der Macht oder vom Strafgericht Gottes die Rede ist (Ex 19,16; 1 Kön 19,11ff., Ijob 38,1; Jer 23,19). Beim Propheten Ezechiel kann der Wind aber auch Bild für Gottes Atem sein, der die verdorrten Totengebeine zum Leben erweckt.

Wie von Feuer
Feuer ist in der Bibel ein Element, das anzeigt, wenn Gott erscheint und führt (Ex 3,2; 14,20.24; 24,17), wenn er Menschen antreibt (Ps 104,4), wenn er richtet und rächt (Gen 3,24; Jes 66,15), aber auch, wenn er reinigt und läutert (Sir 2,5).

Zungen
Die Zunge als Werkzeug der menschlichen Sprache kann dem Guten wie dem Bösen dienen. Im guten Sinne ist sie das Organ, mit dem die Wahrheit bekundet wird. In ihrer geringen Größe ist sie einem zunächst schwach züngelnden Feuer vergleichbar, das sich zu einem großen Brand ausweiten kann.

In fremden Sprachen reden
kommt in vielen Religionen vor. Eine religiöse Atmosphäre kann sich so verdichten, daß Menschen davon völlig überwältigt werden. Ergriffen geben sie Laute von sich, die für Außenstehende unverständlich sind. Der Evangelist Lukas deutet das Phänomen der Zungenrede als vom Heiligen Geist gewirkt. Mit dem Sprachenwunder unterstreicht er das weltweite Ziel des Evangeliums. Die Aufhebung der Sprachverwirrung ist Zeichen für den Beginn der endgültigen Zeit des Reiches Gottes. Die Entzweiung der Menschheit, die aus der Auflehnung der Menschen gegen Gott stammt, wird aufgehoben. Dafür war der Turm von Babel Zeichen (Gen 11,1–9).

4. Suche im Text Apg 2 die Bilder und Zeichen, mit denen vom Wirken des Heiligen Geistes gesprochen wird! Überlege, was mit ihnen ausgesagt werden soll!

5. Was bewirkt der Geist Gottes bei den Aposteln, was bei den Zuhörern?

Über die Auswirkungen des Pfingstereignisses in der Jerusalemer Urgemeinde schreibt der Evangelist Lukas:

Sie hielten an der Lehre der Apostel fest und an der Gemeinschaft, am Brechen des Brotes und an den Gebeten.
⁴³Alle wurden von Furcht ergriffen, denn durch die Apostel geschahen viele Wunder und Zeichen. ⁴⁴Und alle, die gläubig geworden waren, bildeten eine Gemeinschaft und hatten alles gemeinsam. ⁴⁵Sie verkauften Hab und Gut und gaben davon allen, jedem so viel, wie er nötig hatte. ⁴⁶Tag für Tag verharrten sie einmütig im Tempel, brachen in ihren Häusern das Brot und hielten miteinander Mahl in Freude und Einfalt des Herzens. ⁴⁷Sie lobten Gott und waren beim ganzen Volk beliebt. Und der Herr fügte täglich ihrer Gemeinschaft die hinzu, die gerettet werden sollten.

(Apg 2,42–47)

Die Pfingsterzählung berichtet von der ungeheuren Erfahrung des Heiligen Geistes, den Gott Vater und Gott Sohn den Aposteln senden. Durch den Heiligen Geist ist Jesus Christus den Aposteln nahe und unter ihnen wirksam. Durch ihn lebt Christus in ihren Herzen weiter. Er befähigt sie, zuverlässig und furchtlos Zeugnis abzulegen für Jesus Christus. Er versöhnt und macht, daß Menschen sich verstehen. Mit ihm werden Unterschiede und Trennungen unter den Menschen überwunden, so daß eine Gemeinschaft herzlicher Verbundenheit entsteht, die Kirche. Der Heilige Geist treibt die Kirche, Jesu Botschaft von der Liebe Gottes bis an die Grenzen der Erde zu verbreiten. Er sendet sie, Jesu Werk der Heilung und Erlösung der Welt fortzuführen (Joh 20,21 f.).

1. Komm, Heil-ger Geist, der Leben schafft, erfülle uns mit deiner Kraft. Dein Schöpferwort rief uns zum Sein: nun hauch uns Gottes Odem ein. A-men.

1. Die Wunder von damals müssen's nicht sein, auch nicht die Formen von gestern, nur laßt uns zusammen Gemeinde sein, eins so wie Brüder und Schwestern. KV: Ja, gib uns den Geist, deinen guten Geist, mach uns zu Brüdern und Schwestern! uns zu Brüdern und Schwestern.

2. Komm, Tröster, der die Herzen lenkt, / du Beistand, den der Vater schenkt, / aus dir strömt Leben, Licht und Glut, / du gibst uns Schwachen Kraft und Mut.

3. Dich sendet Gottes Allmacht aus / im Feuer und in Sturmes Braus, / du öffnest uns den stummen Mund / und machst der Welt die Wahrheit kund.

4. Entflamme Sinne und Gemüt, / daß Liebe unser Herz durchglüht / und unser schwaches Fleisch und Blut / in deiner Kraft das Gute tut.

5. Die Macht des Bösen banne weit, / schenk deinen Frieden allezeit. / Erhalte uns auf rechter Bahn, / daß Unheil uns nicht schaden kann.

6. Laß gläubig uns den Vater sehn, / sein Ebenbild, den Sohn, verstehn / und dir vertraun, der uns durchdringt / und uns das Leben Gottes bringt.

7. Den Vater auf dem ewgen Thron / und seinen auferstandnen Sohn, / dich, Odem Gottes, Heilger Geist, / auf ewig Erd und Himmel preist. / Amen.

T: »Veni Creator Spiritus«, Übertragung Friedrich Dörr 1969
M: Kempten um 1000/Wittenberg 1524/Mainz 1947

2. Auch Zungen von Feuer müssen's nicht sein, Sprachen, die jauchzend entstehen, nur gib uns ein Wort, darin Wahrheit ist, daß wir dein Winken verstehen. Ja, gib uns den Geist, deiner Wahrheit Geist, daß wir einander verstehen!

3. Ein Brausen vom Himmel muß es nicht sein, Sturm über Völkern und Ländern, nur gib uns den Atem, ein kleines Stück unserer Welt zu verändern. Ja, gib uns den Geist, deinen Lebensgeist, uns und die Erde zu ändern!

4. Der Rausch der Verzückung muß es nicht sein, Jubel und Gestikulieren. Nur gib uns ein wenig Begeisterung, daß wir den Mut nicht verlieren. Ja, gib uns den Geist, deinen heiligen Geist, um den Mut nicht zu verlieren!

T: Lothar Zenetti, aus: Lothar Zenetti, Texte der Zuversicht, J. Pfeiffer Verlag, München
M: Gerd Watkinson, 1971, aus: Gerd Watkinson, 9 × 11 Kinderlieder zur Bibel, Christophorus-Verlag, Freiburg und Verlag Ernst Kaufmann, Lahr

6. Die beiden Pfingstlieder stammen aus verschiedenen Jahrhunderten. Erarbeitet, wie sie die Wirksamkeit des Heiligen Geistes deuten!

VI. Was der Heilige Geist bei Menschen bewirken kann

1. Guter Rat ist teuer

Antje und Klaus waren gern Klassensprecher; sie hatten es bisher auch meisterhaft verstanden, die Probleme ihrer Mitschüler den Lehrern zu vermitteln. Heute gingen beide bedrückt und schweigsam nebeneinander zum Busbahnhof. Sie hatten zwei turbulente Stunden hinter sich. In Mathe war heiß über das Thema »Schullandheim« diskutiert worden. Der sonst so beliebte Herr Roth hatte als Klassenlehrer eine besondere Meinung von dem, was bei einem Schullandheimaufenthalt geschehen sollte und was nicht.

Zunächst hatte er gegen den Widerstand fast der Hälfte der Klasse durchgesetzt, daß man nicht im Winter zum Skifahren auf eine Hütte gehen würde. Man könne dabei nicht soviel unternehmen, und manche Schüler wären gezwungen, sich eigens eine Skiausrüstung anzuschaffen.

Diese Argumente waren dann doch für die meisten einleuchtend gewesen, und auch Antje und Klaus hatten ihren Klassenlehrer dabei unterstützt. Als diese Frage entschieden war, tauchte gleich die nächste auf, wohin sie nun im Sommer ins Schullandheim fahren sollten. Herr Roth unterbreitete mehrere Vorschläge und brachte auch Prospekte mit von Jugendherbergen im Odenwald, im Schwarzwald oder im Bayerischen Wald; auch im Allgäu, in den bayerischen Bergen oder in der Eifel kannte er schöne Heime, von denen aus sich viel unternehmen ließ.

Während sie diese Prospekte anschauten, kam Jan plötzlich eine Idee: »Wir fahren an die Nordsee, auf die Insel Amrum!«. Im letzten Sommer hatte er mit seinen Eltern dort den Urlaub verbracht und wußte von herrlichen Watt- und Dünenwanderungen zu berichten. »Wenn wir schon nicht zum Skilaufen dürfen, dann wollen wir wenigstens an die Nordsee«, hatte Jan in die Klasse gerufen.

Alle schauten gespannt auf Herrn Roth, wie er wohl reagieren würde. Doch er blieb ruhig und beendete die Diskussion mit der Bemerkung, er müsse erst nähere Informationen einholen. Das war vor zwei Wochen gewesen. Jan hatte es in der Zwischenzeit verstanden, alle von seiner Idee zu begeistern. Als die letzte Stunde begann, in der das Problem entschieden werden sollte, betrat Herr Roth mit besorgter Miene das Klassenzimmer. Er ahnte wohl, was ihn erwartete. »Ich habe mich erkundigt«, begann er zögernd, »ich muß aus folgenden Gründen dagegen sein, daß wir an die Nordsee fahren.« Weiter kam er nicht mehr. »Das ist gemein«, »Sie wollen nur nicht«, »wir fahren auf jeden Fall«, fingen alle an, durcheinander in die Klasse zu rufen. Mit viel Mühe gelang es ihm, soweit Ruhe herzustellen, daß er wenigstens die Gründe erklären konnte: die enorm hohen Fahrtkosten, die wesentlich höheren Pensionspreise und der ungünstige Zeitpunkt, da alle Heime dort nur noch im März und Anfang April frei waren.

Kaum hatte der unglückliche Klassenlehrer seine Bedenken vorgebracht, fingen wieder alle an zu schimpfen. Es ging fast tumultartig zu in der sonst so ruhigen Mathestunde.

Hilfesuchend schaute der Klassenlehrer zu seinen Klassensprechern, aber die wußten heute selber nicht mehr, wie sie sich verhalten sollten.

1. Diskutiert, wie ihr das Verhalten der Schüler und das Auftreten des Klassenlehrers findet!
2. Was denkt ihr insbesondere über die beiden Klassensprecher?

2. Der Weg des Petrus mit Jesus Christus

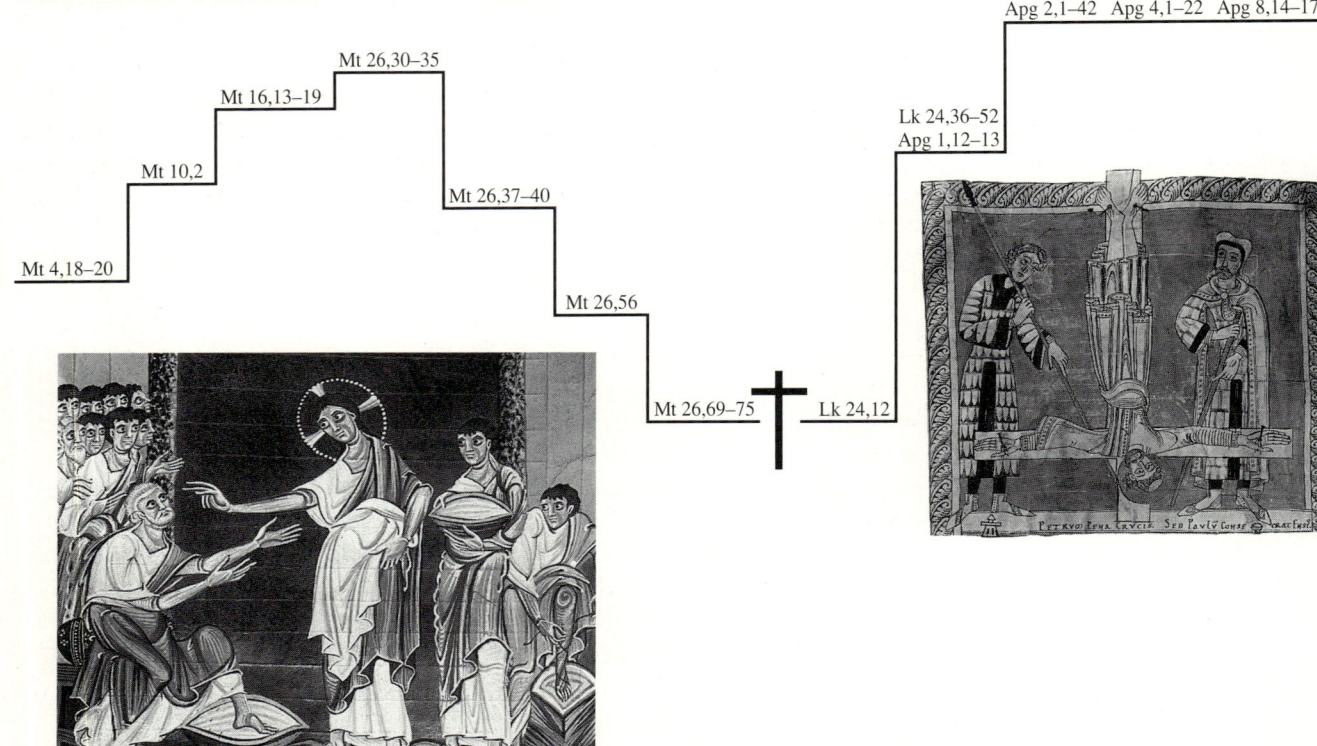

Mt 4,18–20
Mt 10,2
Mt 16,13–19
Mt 26,30–35
Mt 26,37–40
Mt 26,56
Mt 26,69–75
Lk 24,12
Lk 24,36–52
Apg 1,12–13
Apg 2,1–42   Apg 4,1–22   Apg 8,14–17

3. Wie in einer Art Fieber- oder Stimmungskurve ist der Weg des Petrus mit Jesus aufgezeichnet worden.

   a. Teilt die Bearbeitung der Bibelstellen in eurer Klasse auf! Haltet jeweils fest, was passiert und wie Petrus sich verhält!
   b. Untersucht die Gründe für die Veränderungen im Leben des Petrus!
   c. Wie findest du den »Firmling« Petrus? Und wie findest du Jesus, der ihn zum Fundament seiner Kirche macht?

3. Die Gaben des Geistes Gottes

In der Feier der Firmung betet der Firmspender um die sieben Gaben des Geistes Gottes für die Firmlinge. Dabei ist die Zahl »sieben« nicht quantitativ gemeint, sondern symbolisch. »Sieben« ist Zeichen gottgewollter Fülle, Ganzheit und Vollständigkeit.

Das Gebet geht zurück auf den Propheten Jesaja, der im 8. Jh. v. Chr. lebte. Er kündigte einen Messias an, von dem er sagte:

Der Geist des Herrn läßt sich nieder auf ihm: / der Geist der Weisheit und der Einsicht,
der Geist des Rates und der Stärke, / der Geist der Erkenntnis und der Gottesfurcht.
³[Er erfüllt ihn mit dem Geist der Gottesfurcht.] / Er richtet nicht nach dem Augenschein, / und nicht nur nach dem Hörensagen entscheidet er,
⁴sondern er richtet die Hilflosen gerecht / und entscheidet für die Armen des Landes, wie es recht ist.

(Jes 11,2–5)

4. Überlegt, wie sich die Beteiligten in der Geschichte »Guter Rat ist teuer« verhalten müßten, wenn sie die Gaben des Geistes Gottes zur Wirkung kommen ließen!

5. Zeigt die Wirkung des Heiligen Geistes im Leben des Petrus!

6. Sucht in der Gegenwart und in der Geschichte der Kirche andere glaubwürdige Zeugen für die Wirksamkeit des Heiligen Geistes und gestaltet ein Plakat! Laßt euch durch die Briefmarken anregen!

Die Gaben des Geistes Gottes...

sind	...zeigen sich in Menschen,
Weisheit	die Frieden stiften, weil sie Wichtiges von Unwichtigem unterscheiden können und ihr Leben danach ausrichten;
Einsicht	die ihre Grenzen kennen und hinter den Dingen einen Zusammenhang und letzten Sinn sehen;
Rat	die bei Entscheidungen verantwortungsbewußt sind und sich Rat holen, die aber auch andere beraten, trösten und ermutigen;
Stärke	die mutig sind und nicht resignieren, sondern ausdauernd und konsequent tun, was recht ist;
Erkenntnis	die sich nichts vormachen und mit ihrem Urteil über die Welt nicht fertig sind, sondern den Dingen auf den Grund gehen;
Frömmigkeit	die sich in allem Denken und Tun dem Willen und der Liebe Gottes anvertrauen;
Gottesfurcht	die darum bitten, daß letztlich Gott alles zum Guten wirkt.

Unser Lesetip Gisbert Kranz, Sie lebten das Christentum. 28 Biographien, Regensburg 1978

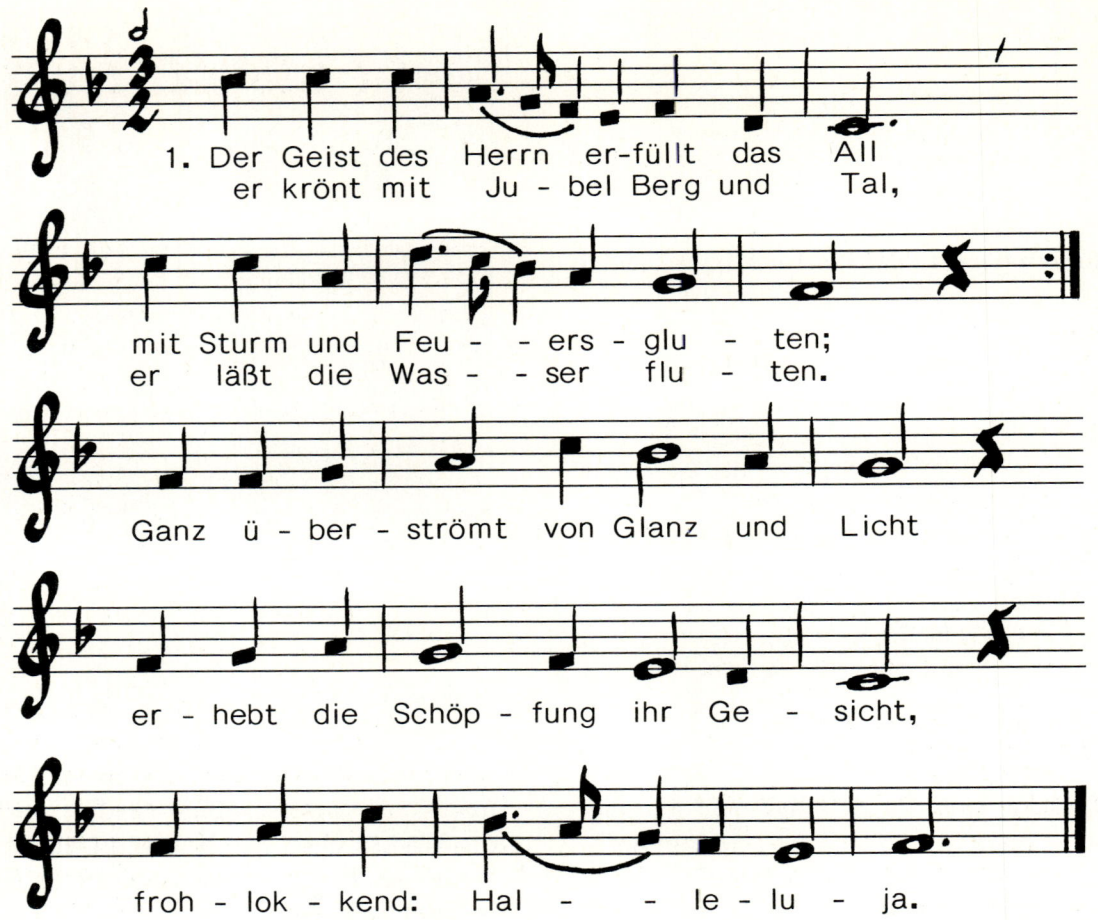

1. Der Geist des Herrn erfüllt das All / er krönt mit Jubel Berg und Tal, / mit Sturm und Feuersgluten; / er läßt die Wasser fluten. / Ganz überströmt von Glanz und Licht / erhebt die Schöpfung ihr Gesicht, / frohlokkend: Halleluja.

2. Der Geist des Herrn erweckt den Geist / in Sehern und Propheten, / der das Erbarmen Gottes weist – und Heil in tiefsten Nöten. / Seht, aus der Nacht Verheißung blüht; / die Hoffnung hebt sich wie ein Lied / und jubelt: Halleluja.

3. Der Geist des Herrn treibt Gottes Sohn, / die Erde zu erlösen; / er stirbt, erhöht am Kreuzesthron, / und bricht die Macht des Bösen. / Als Sieger fährt er jauchzend heim / und ruft den Geist, daß jeder Keim / aufbreche: Halleluja.

4. Der Geist des Herrn durchweht die Welt / gewaltig und unbändig; / wohin sein Feueratem fällt, / wird Gottes Reich lebendig. / Da schreitet Christus durch die Zeit / in seiner Kirche Pilgerkleid, / Gott lobend: Halleluja.

T: Maria Luise Thurmair 1941
M: »Zieh an die Macht, du Arm des Herrn«, GL 249

VII. Mehr als Worte, mehr als Zeichen – Die sieben Sakramente

1. Zeichen, Worte und Symbole

Im Alltag begegnen wir auf Schritt und Tritt verschiedenen *Zeichen*. Sie sind vereinbart worden und können ziemlich leicht abgeändert werden. Sie weisen auf einen Sachverhalt hin, den sie vertreten. Sie dienen der Information und müssen deshalb eindeutig sein.

Wenn wir mit einem Gegenstand ein tiefes Erlebnis verbinden, nennen wir ihn ein *Andenken,* weil er uns an jene Begebenheit erinnert, ja, die Kraft hat, sie zu vergegenwärtigen. Das kann eine Muschel, ein Lied oder eine Blume sein. Auch wenn ihr materieller Wert nur gering ist, können solche Dinge für Menschen zum Symbol werden.

Manche Dinge verweisen auf tiefere Zusammenhänge des menschlichen Lebens überhaupt oder veranschaulichen eine grundlegende Erfahrung der Menschheit. So kann die Brücke zum Symbol der Versöhnung und der Baum zum Symbol des Lebens werden. Zwischen diesen Dingen und der symbolisierten Wirklichkeit besteht eine innere Beziehung, die einleuchtet. Zwar sind diese Symbole nicht eindeutig, sie geben aber zu denken und sagen mehr aus, als man ihnen mit bloßem Auge ansieht. Sie drücken oft mehr aus als viele Worte. Die Religionen kennen viele Beispiele für urmenschliche Symbole: Berg, Weg, Wasser, Licht. Sie helfen, das Leben zu deuten und seine Geheimnisse anschaulich zu vergegenwärtigen.

Auch der Mensch selbst kann zum Symbol werden. Ein Mensch, der Freude ausstrahlt, ist für andere Zeichen der Hoffnung, und die Begegnung mit ihm macht Mut. Menschen wie Mose, Franz von Assisi oder Martin Luther King wurden für ganze Generationen und Völker zu *Symbolgestalten*. Sie verkörpern Träume und Sehnsüchte, Protest und Ideale vieler.

Manchmal reichen unter uns Worte allein nicht aus, um das auszudrücken, was geschieht bzw. in uns vorgeht. Wir setzen dann Gesten und Gebärden ein. Wir wollen innerlich verstanden werden. Wer nach einem bestandenen Examen mit Freunden ein Fest feiert oder ein Glas Sekt trinkt, will seine Gäste eigentlich nicht ernähren, sondern auf die Bedeutung der Situation hinweisen. Wenn Staatsmänner ein Abkommen nach der Unterschrift mit einem Handschlag bekräftigen, wollen sie die veränderten Beziehungen ihrer Völker geradezu handgreiflich sichtbar machen. Solche Gesten nennt man *Zeichen- oder Symbolhandlungen*.

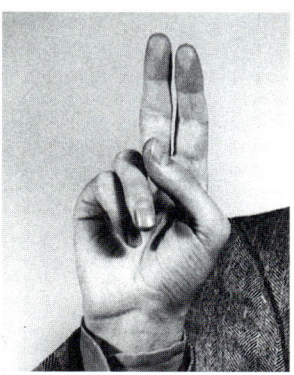

Aber auch unsere *Wörter* können unterschiedliche Funktionen haben. Wenn jemand den Weg zum Bahnhof beschreibt oder die Preise der Sonderangebote im Supermarkt nennt, so will er über einen Sachverhalt informieren, eine bestehende Wirklichkeit beschreiben. Wenn aber der Richter zu jemand sagt, daß er ihn im Namen des Volkes zu drei Jahren Gefängnis verurteilt, oder wenn jemand einen anderen um Verzeihung bittet, dann wollen diese Worte das, was sie aussprechen, erst schaffen.

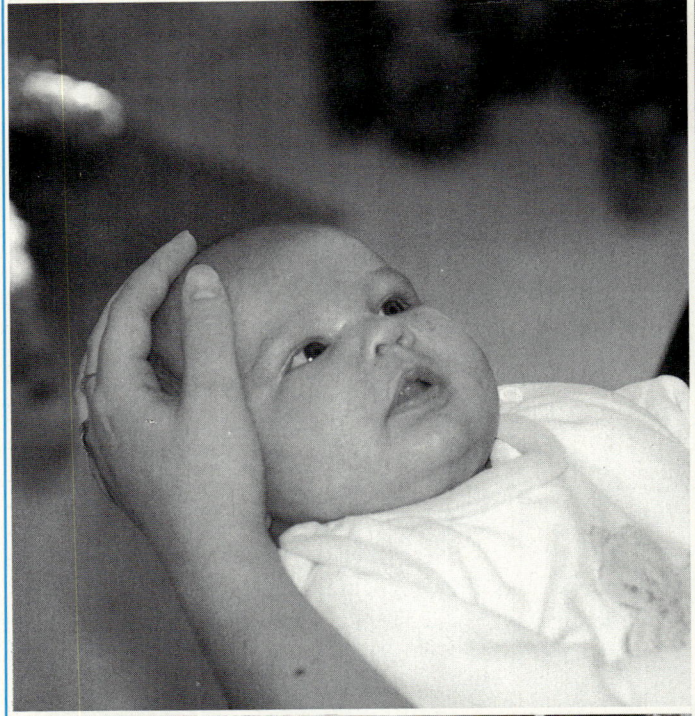

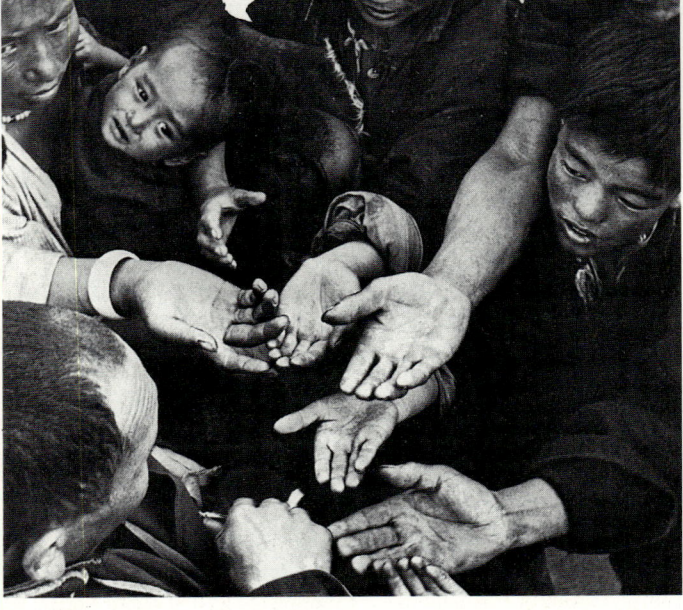

1. Ordne die Bilder dieser Seiten Aussagen des Textes auf S. 31 zu und suche weitere Belegbeispiele!
2. a. Immer wieder stehen Hände im Zentrum der Bilder. Was sagen sie aus?
   b. Stellt in kleinen pantomimischen Szenen dar, was sich mit Händen alles ausdrücken läßt.
3. Warum fällt Andrea der Händedruck schwer, obwohl die Sache besprochen ist?
4. Jeder bringt einen ihm lieben Gegenstand mit und erzählt, welche Erlebnisse er mit ihm verbindet!

Andrea hatte mit Thomas Streit. Ihre Klassenkameraden haben vermittelt. Die beiden haben sich ausgesprochen und wollen die Sache auch begraben. Nun fordern die Freunde sie auf, sich zum Zeichen dafür, daß sie sich wieder vertragen wollen, die Hand zu geben. Aber Andrea zögert. Sie kämpft mit sich. Sie bringt es nicht fertig.

Der Begriff »Symbol« stammt vom griechischen Wort »symballein«, was soviel wie »zusammenfügen« bedeutet. Sein Gehalt stützt sich auf folgenden antiken Brauch: Unter Freunden, Gästen oder Geschäftsleuten war es Sitte, bevor man sich trennte, einen Gegenstand, eine Spielmarke, ein Siegel, ein Täfelchen, ein Geldstück in zwei Hälften zu teilen. Jeder Partner nahm eine Hälfte an sich als Zeichen, an dem man sich wiedererkennen sollte oder um einen Boten auszuweisen. Sichtbare Teile wurden also zum Symbol für ein größeres Ganzes z. B. für ein Vertrauensverhältnis, für Geschäftsvereinbarungen oder Rechtsansprüche.

Es gibt vereinbarte Zeichen, die lediglich anschaulich über einen Sachverhalt informieren wollen. Andere Zeichen, die an menschliche Grunderfahrungen anknüpfen und eine Wirklichkeit, die man nicht unmittelbar wahrnehmen kann, ausdrücken wollen, nennen wir Symbole oder symbolische Handlungen. Sie wollen Wirklichkeit veranschaulichen, erhalten und vertiefen. Symbole können auch zu leblosen Formen erstarren oder verlogen wirken, wenn Anspruch und Wirklichkeit auseinanderklaffen. Dennoch gehören Symbole zum Menschen, der seine Gefühle und Gedanken zum Ausdruck bringen will, wenn er mit Leib und Seele bei der Sache ist. Für Symbole braucht man ein Gespür.

Genau wie bei den Zeichen gibt es Worte, die bloß über einen Sachverhalt informieren, und Worte, die eine Wirklichkeit erst schaffen.

Von ihm berührt sein

Eine Hand kann vieles.
Eine Hand kann streicheln oder schlagen,
kann bauen oder zerreißen,
kann heilen oder verletzen.

Bei der Firmung
liegt die Hand des Bischofs auf Dir.
Das bedeutet:
Jesus berührt Dich, will,
daß dein Leben heil wird.
Der Pate gibt durch seine Hand
auf Deiner Schulter zu verstehen:
»Für den bürge ich, der meint es ernst.«

Aussätzige, Blinde, Lahme, Taube, Stumme:
Sie alle ließen sich von Jesus berühren.
Ohne diesen direkten Kontakt ging nichts.
Seine Berührungen veränderten ein Leben,
viele Leben.
Es waren gute Berührungen.

Die meisten von uns sind nicht aussätzig,
blind, lahm, taub oder stumm.
Oder etwa doch?

Ich stelle mir vor:
Wenn ich mich von Jesus berühren lasse,
wenn ich es wirklich will, daß er mir die
Hand auflegt, dann hat das Folgen.

Wieder sehen – nicht nur mit den Augen!
Wieder hören – nicht nur mit den Ohren!
Wieder gehen – nicht nur in den Kerker
meines Zimmers!
Wieder reden – nicht nur von mir,
sondern erzählen von der Hand Gottes,
die mich heilt, führt und leitet,
wenn ich meine Hand ausstrecke
und in die Seine lege.

Sieger Köder (* 1925), Hände

2. Sieben Zeichen Gottes an wichtigen Stationen des Lebens

Oft verbringen wir unsere Tage wie im Trott. Ein Tag ist wie der andere. Wir sprechen vom Alltag. Doch das Leben verläuft nicht gleichförmig. Ereignisse, die wie Weichenstellungen wirken, gliedern es. Wie Knoten- oder Kreuzungspunkte durchbrechen sie den Alltag: die Geburt eines Kindes, die Wahl des Berufes, ein schlimmes Versagen. Dann geht uns erst richtig auf, daß wir ganz konkret da sind. Wir fragen, wer wir sind, warum wir sind und was wir in dieser Situation tun sollen. Wir spüren, daß in diesen Lebens-Stationen mehr auf dem Spiel steht, als wir mit Verstand und Willen, mit Geld und Beziehungen allein ausrichten können. In solchen Situationen suchen wir nach Orientierung. Wir wünschen ratende und helfende Worte, aber auch Zeichen der Nähe, Zustimmung und Bestätigung. Wir merken, daß wir in Zeiten des Umbruchs und des Aufbruchs den Beistand der Mitmenschen und die Hilfe Gottes brauchen.

5. Stellt einmal wichtige Stationen des menschlichen Lebens zusammen und überlegt, welche Hilfen es zu ihrer Bewältigung gibt!

Guido Muer, Die sieben Sakramente (* 1927)

6. Schaut euch das Bild von Guido Muer an!
   a. Bestimmt die sieben dargestellten Sakramente!
   b. Bestimmt die Situationen im Leben, in denen sie gespendet werden!
   c. Überlegt, warum in Muers Darstellung das Kreuz Jesu Christi in der Mitte steht!

7. Übertragt die grafische Darstellung ins Heft und besprecht, wie ihr die Sakramente sinnvoll in die Kästchen eintragen könnt!

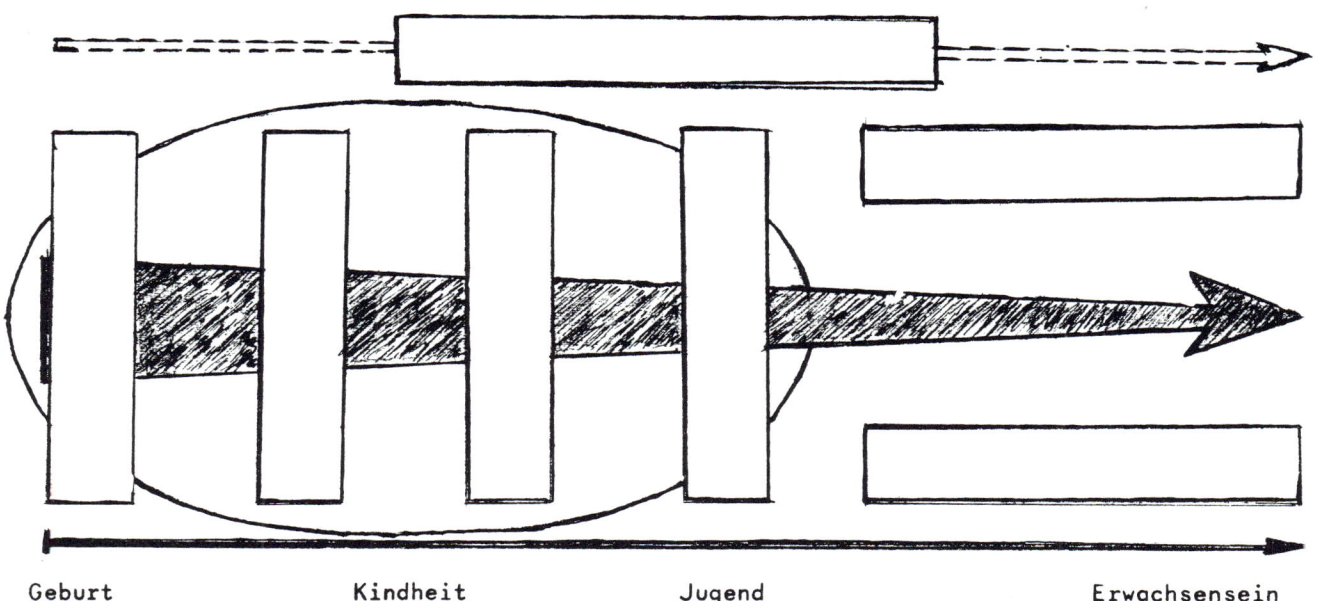

Geburt   Kindheit   Jugend   Erwachsensein

8. Welche Sakramente werden nur einmal im Leben gespendet, welche mehrmals? Sucht dafür eine Begründung!

9. Ermittelt – mit Ausnahme der Firmung – die Zeichen, Gesten und Worte, die bei der Spendung der einzelnen Sakramente gebraucht werden (vgl. Gotteslob Nr. 47–48; 71,1; 73,2–7; 76; 359–360, 4 und 365)!

Das Wort Sakrament *kommt aus dem Lateinischen und bedeutet wörtlich »etwas, was heilig macht«. Sakramente nannte man eine unverbrüchliche Besiegelung, die mit Hilfe eines Fahnen- oder Dienstides gegeben wird. Mit »sacramentum« wird der biblische Begriff »mysterium« übersetzt. Mysterium meint das Geheimnis des Reiches Gottes, das sich in Jesus Christus enthüllt und verwirklicht. In den Sakramenten wendet die Kirche dieses Geheimnis den Menschen zu: Gottes Liebe und Heil. Die Sakramente machen heil, heilen, was wiederum mit heilig zu tun hat.*

In den Schriften des Alten Testamentes wird bezeugt, daß das Volk Israel in vielen Zeichen und Ereignissen Gottes Anwesenheit und Nähe erfuhr, z. B. im Sturm, im Feuer, in einer Wolke, in der Rettung am Schilfmeer. Von der Hand Gottes sah es sich erschaffen und durch die Geschichte geführt. Schließlich traten vom Geist Gottes getriebene Propheten auf und wiesen dem Volk den Weg, der Gottes Willen entspricht. Letztlich sollte das Volk Israel selbst Zeichen der Nähe Gottes unter den Völkern sein.

Nach dem Neuen Testament hat Jesus Christus Gottes Liebe zu allen Menschen unüberbietbar sichtbar gemacht und unwiderruflich gelebt. Denn in ihm wurde Gott selbst Mensch. Deshalb sieht die Kirche *Jesus Christus als Ur-Sakrament Gottes*.

Seit Pfingsten ist die *Kirche* Zeichen dafür, daß Jesus Christus durch seinen Geist den Menschen nahe bleibt. Sie tut es, indem sie Jesu gute Nachricht verkündet und den notleidenden Brüdern hilft. Wenn sie an wichtigen Stationen des Lebens *die Sakramente* spendet, dann begegnet Jesus den Menschen: Er versöhnt den Schuldiggewordenen mit Gott und den Menschen, er besiegelt das Treueversprechen von Mann und Frau, er stärkt den Kranken...

3. Die Firmung als Sakrament der Mündigkeit und Sendung

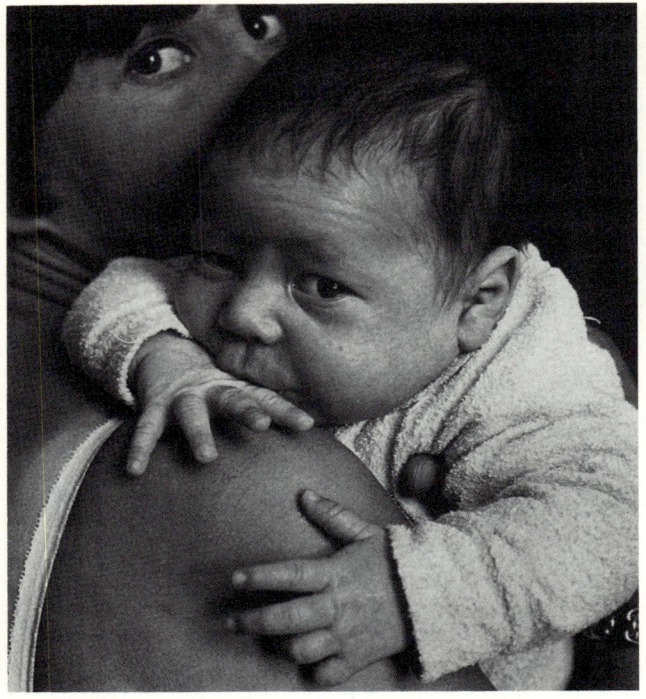

Unser deutsches Wort Firmung *kommt vom lateinischen »confirmatio«, was soviel wie »Stärkung, Festigung« bedeutet, oder von »firmare«, was mit »stärken, festen Fuß fassen, ermuntern, beglaubigen« übersetzt werden kann.*

Es war einmal ein Seepferdchen, das eines Tages seine sieben Taler nahm und in die Ferne galoppierte, sein Glück zu suchen. Es war noch gar nicht weit gekommen, da traf es einen Aal, der es ansprach: »Psst. Hallo, Kumpel. Wo willst du hin?«
»Ich bin unterwegs, mein Glück zu suchen«, antwortete das Seepferdchen stolz.
»Da hast du's ja gut getroffen«, sagte der Aal, »für vier Taler kannst du diese schnelle Flosse haben, damit kommst du viel besser voran.«
»Ei, das ist ja prima«, sagte das Seepferdchen, bezahlte, zog die Flosse an und glitt mit doppelter Geschwindigkeit von dannen. Bald kam es zu einem Schwamm, der sagte:
»Psst. Hallo, Kumpel. Wo willst du hin?«
»Ich bin unterwegs, mein Glück zu suchen«, antwortete das Seepferdchen.
»Da hast du's ja gut getroffen«, sagte der Schwamm, »für ein kleines Trinkgeld überlasse ich dir dieses Boot mit Düsenantrieb, damit könntest du viel schneller reisen.«
Da kaufte das Seepferdchen von seinem letzten Geld das Boot und sauste mit fünffacher Geschwindigkeit durch das Meer. Bald traf es auf einen Haifisch, der fragte: »Psst. Hallo, Kumpel. Wo willst du hin?«
»Ich bin unterwegs, mein Glück zu suchen«, antwortete das Seepferdchen.
»Da hast du's ja gut getroffen. Wenn du diese kleine Abkürzung machen willst«, sagte der Haifisch und zeigte auf seinen geöffneten Rachen, »sparst du eine Menge Zeit.«
»Ei, vielen Dank«, sagte das Seepferdchen und sauste in das Innere des Haifisches.
Die Moral der Geschichte: Wenn man nicht genau weiß, wohin man will, landet man leicht da, wo man gar nicht hin wollte.

10. a. Welche Aussagen über zwei Phasen des menschlichen Lebens werden in den beiden Fotos gemacht?
    b. Setze sie in Beziehung zu Taufe und Firmung!
11. Wie beurteilst du das Verhalten des Seepferdchens, wie das der anderen Tiere?
12. Welche Lehre erteilt die Fabel
    a. über das Leben des Menschen,
    b. im Zusammenhang mit der Firmung?

Das Leben eines Christen in deinem Alter hat schon eine mehrjährige Geschichte. Zunächst bedurfte er in allem ganz der Hilfe und Anleitung anderer Menschen – auch in seinem religiösen Leben. So wurde er zumeist schon als Säugling durch die Eltern und Paten zur Taufe gebracht. In ihr empfing er den Heiligen Geist, der ihn mit der Person und dem Schicksal Jesu Christi, mit seinem Tod und seinem neuen Leben verband. Er wurde Christ und Glied der Kirche. Damals begann ohne sein Zutun sein Leben im Heiligen Geist, das Gnadengeschenk und Verpflichtung zugleich ist. Dafür übernahmen zunächst die Eltern, die Paten und die Gemeinde die Verantwortung. Viele Eltern lehrten ihr Kind beten und nahmen es in den Gottesdienst mit.

Doch je älter es wurde, desto mehr wurde – wie auch in anderen Bereichen – sein Mittun und sein religiöses Bekenntnis verlangt. Der eine wurde vielleicht Ministrant, der andere sang in der Schola mit. Aber manchem blieb der Glaube trotz Religionsunterricht ziemlich fremd, unter Umständen weil seine Eltern ihn nicht praktizierten. Oft empfing er trotzdem die Sakramente der Buße und Eucharistie mit allen katholischen Klassenkameraden. Mit der Zeit wurde immer offenkundiger, daß im Religionsunterricht seiner Klasse nicht nur gläubige und suchende, sondern auch gleichgültige und glaubensunwillige Schüler sitzen, und daß die Gründe dafür sehr verschieden sind.

Jetzt ist er kein Kind mehr. Vieles, was er bisher wie selbstverständlich sah und mitmachte, erlebt er jetzt bewußter und betrachtet es kritisch. Vieles stellt man in Frage. Man will für sich selbst entscheiden. Man will wählen, welchen Weg man einschlägt, und wo man Aufgaben übernimmt. Man wird immer mehr verantwortlich für sich und andere, denn die Gemeinschaft lebt vom Engagement des einzelnen.
Vor dem Gesetz des Staates ist man religionsmündig. Das bedeutet z. B., daß man die rechtliche Möglichkeit hat zu entscheiden, ob man weiter am Religionsunterricht teilnimmt. Und auch die Kirche traut einem einiges zu. In der Firmung fragt sie, ob man den mit der Taufe begonnenen Weg des Glaubens weitergehen will, ob man von jetzt an als mündiger Christ in der Welt leben will, ob man in der Kirche und an ihrer Aufgabe in der Welt mitarbeiten will.
Mit 14 steht man also vor wichtigen Fragen und grundlegenden Entscheidungen, doch läßt einen die Kirche nicht allein. Die wichtigste Hilfe ist der Heilige Geist, den man in der Firmung empfängt. Er will den Getauften in seiner Verbundenheit und Ähnlichkeit mit Christus stärken und als Gefirmten aussenden. Er will Gottes Heilszusage in der Menschheitsgeschichte lebendig und wirksam erhalten. Mit seinem Ja zur Firmung drückt der Firmling seine

---

Die biblische Begründung für ein eigenständiges Sakrament des Geistempfangs sieht man darin, daß in Jesus der Heilige Geist zwar von Anfang an in Fülle wohnte, daß er aber durch den Geistempfang bei der Taufe bestätigt wurde, seine messianische Berufung öffentlich zu leben (Mk 1,9–11 zusammen mit Jes 11,2). Auch im Alten Testament empfangen die Propheten und Könige im Zusammenhang mit ihrer Berufung oder Amtseinsetzung den Geist Gottes.
In Apg 8,14–17 wird berichtet, daß Leute von Samarien zwar den Glauben angenommen hatten und von Philippus getauft worden waren, aber den Heiligen Geist noch nicht empfangen hatten. Deshalb gingen Petrus und Johannes von der Jerusalemer Gemeinde dorthin. Nachdem sie für die Getauften gebetet hatten, legten sie ihnen die Hände auf, so daß der Heilige Geist über sie kam. Die Initiation in die Kirche geschah hier also in zwei Stufen.

Zur Geschichte der Firmung: Zu Anfang wurden die Initiationssakramente Taufe, Firmung und Eucharistie gleichzeitig gespendet.
In den Ostkirchen blieb die Firmspendung immer mit der Taufe verbunden. Im Abendland behielt man das nur bei der sakramentalen Initiation eines Erwachsenen bei. Hier wurde die Firmung nach und nach von der Taufe getrennt, weil die Kindertaufe vordrang und die Firmspendung den Bischöfen vorbehalten wurde.
Nun konnte die Firmung durch den Bischof die Eingliederung des Firmlings in die Aufgaben der Gesamtkirche zum Ausdruck bringen.

Bereitschaft aus, sich von Gott in Anspruch nehmen zu lassen. Der Vorbereitung darauf dient der Empfang des Bußsakramentes. Die Gemeinde unterstützt den Firmling durch ihr Gebet und ihre Firmvorbereitung. In Gruppen lernt er die Gemeinde besser kennen und erfährt, was es heißt, in ihr als Christ zu leben. Und schließlich möchte auch der schulische Religionsunterricht helfen, sich echter und bewußter zu entscheiden.

13. Vergleiche Taufe und Firmung miteinander!

In den *sieben Sakramenten* wird Gottes Heilszusage in entscheidenden Stationen des Lebens konkrete Gegenwart. Sie verbinden das menschliche Leben mit dem Leben Jesu Christi. In sichtbaren Zeichen und Gesten und im Wort begegnet Christus dem Menschen und gibt ihm Anteil an seinem Leben, Sterben und Auferstehen. Die Sakramente helfen, das Leben in der Welt und den Tod zu bestehen.

Das Sakrament der Firmung wird in einer Situation des Umbruchs und Aufbruchs gespendet. Der junge Mensch steht vor lebenswichtigen Entscheidungen. Dazu gibt der Geist Gottes Kraft und Stärke. Zugleich vollendet die Firmung die mit der Taufe begonnene Initiation in die Kirche. Der Firmling wird als vollgültiges Mitglied der Kirche bestätigt. Er übernimmt nun freiwillig und bewußt die Aufgabe, Christus im Leben zu bezeugen, indem er Gottes Liebe erfahrbar macht. So nimmt der Gefirmte an der Sendung Jesu und der Kirche zur Einigung und Rettung der Menschen teil. Dies ist für die Pfarrgemeinde ein Grund zum Feiern.

VIII. »... sei besiegelt durch die Gabe Gottes« – Die Feier der Firmung

1. Der Firmgottesdienst

Wortgottesdienst

Wie sonst bei der Messe mit Texten der Schrift (Lesung, Evangelium) und Predigt des Bischofs/Firmspenders.

Vorstellung der Firmlinge

Der Pfarrer stellt die Firmlinge dem Bischof vor:
Diese Firmlinge aus unserer Gemeinde St. ... bitten Sie, Herr Bischof, um das Sakrament der Firmung. Sie sind getauft und im Glauben unterrichtet. Sie haben sich auf den heutigen Tag gründlich vorbereitet.

An dieser Stelle kann ein Firmling stellvertretend für alle das Firmversprechen wiederholen.

Der Bischof antwortet:
Nun werdet ihr im Sakrament der Firmung den Heiligen Geist empfangen. Wir bekennen gläubig, daß der Heilige Geist mit dem Vater und dem Sohn Gott ist und uns das Leben schenkt. Er besiegelt, was er in der Taufe an euch gewirkt hat. Deshalb bekennt dankbar euren Glauben, den damals eure Eltern und Paten bekannt haben.

Taufbekenntnis

Bischof: *Widersagt ihr dem Satan und all seiner Verführung?*
Firmling: *Ich widersage.*
Bischof: *Glaubt ihr an Gott, den Vater, den Allmächtigen, den Schöpfer des Himmels und der Erde?*
Firmling: *Ich glaube.*
Bischof: *Glaubt ihr an Jesus Christus, seinen eingeborenen Sohn, unseren Herrn, der geboren ist von der Jungfrau Maria, der gelitten hat und begraben wurde, von den Toten auferstand und zur Rechten des Vaters sitzt?*
Firmling: *Ich glaube.*
Bischof: *Glaubt Ihr an den Heiligen Geist, der Herr ist und lebendig macht, der, wie einst den Aposteln am Pfingstfest, so heute auch durch das Sakrament der Firmung in einzigartiger Weise geschenkt wird?*
Firmling: *Ich glaube.*
Bischof: *Glaubt ihr an die heilige katholische Kirche, die Gemeinschaft der Heiligen, die Vergebung der Sünden, die Auferstehung der Toten und das ewige Leben?*
Firmling: *Ich glaube.*
Bischof: *Das ist unser Glaube, der Glaube der Kirche, zu dem wir uns in Jesus Christus bekennen.*

Spendung der Firmung

Der Bischof lädt die Gemeinde zum Gebet ein:
Lasset uns beten zu Gott, dem allmächtigen Vater, daß er den Heiligen Geist herabsende auf diese jungen Christen, die in der Taufe wiedergeboren sind zu ewigem Leben. Der Heilige Geist stärke sie durch die Fülle seiner Gaben und mache sie durch seine Salbung Christus, dem Sohn Gottes, ähnlich.

Alle knien und beten in Stille.
Dann breitet der Bischof die Hände über die Firmlinge aus und betet dabei:

Allmächtiger Gott, Vater unseres Herrn Jesus Christus, du hast diese (jungen) Christen (unsere Brüder und Schwestern) in der Taufe von der Schuld Adams befreit, du hast ihnen aus dem Wasser und dem Heiligen Geist neues Leben geschenkt. Wir bitten dich, Herr, sende ihnen den Heiligen Geist, den Beistand. Gib ihnen den Geist der Weisheit und der Einsicht, des Rates, der Erkenntnis und der Stärke, den Geist der Frömmigkeit und der Gottesfurcht. Durch Christus, unsern Herrn. A: Amen.

Die Firmlinge kommen einzeln nach vorn, begleitet von ihrem Paten. Der Pate legt seine rechte Hand auf die Schulter des Firmlings. Der Firmling nennt dem Bischof seinen Vornamen. Der Bischof legt nun dem Firmling die Hand auf den Kopf und zeichnet ihm dann mit Chrisam ein Kreuz auf die Stirn. Dabei betet er:

N., SEI BESIEGELT DURCH DIE GABE GOTTES, DEN HEILIGEN GEIST.

Firmling: *Amen.*
Bischof: *Der Friede sei mit dir.*
Firmling: *Und mit deinem Geiste.*

Fürbitten

Eucharistiefeier

1. **Vergleiche die Feier der Firmung mit der Feier der Taufe (Gotteslob 45–48)! Welche Gemeinsamkeiten und Unterschiede stellst du fest?**
2. **Sucht die Zeichen der Taufe und die Zeichen der Firmung heraus und vergleicht sie!**

2. Woher die Zeichen der Firmung stammen

Die Zeichen im täglichen Leben ... in der Heiligen Schrift

Handauflegung
AT: Indem Jakob seine Hände auf die Köpfe von Efraim und Manasse legte, segnete er sie (Gen 48,14).
Durch Handauflegung übertrug Mose den Oberbefehl über die Israeliten an Josua (Num 27,18). Nachdem den Leviten in der Weiheversammlung die Hände aufgelegt worden waren, waren sie in Dienst genommen (Num 8,10).
NT: Jesus legte Kranken die Hände auf und heilte sie (Lk 13,13).
Durch Handauflegung segnete er Kinder und berief sie ins Reich Gottes (Mk 10,13–16).
In Samaria legten Petrus und Johannes den Getauften die Hände auf, und sie empfingen den Heiligen Geist (Apg 8,17).
Die Apostel setzten sieben Männer durch Gebet und Handauflegung als Diakone ein (Apg 6,6).

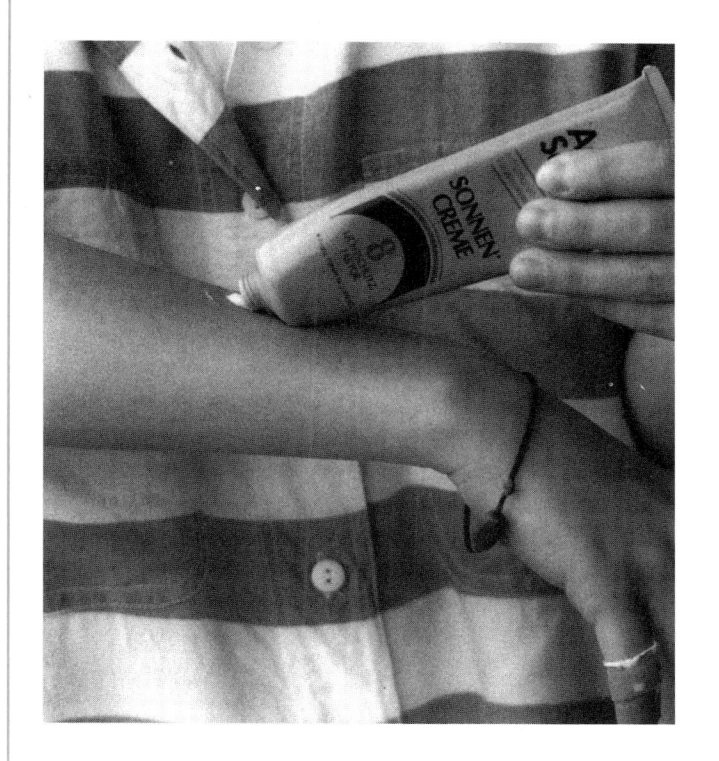

Salbung

AT: Was mit heiligem Öl gesalbt wird, ist dem profanen Bereich entzogen und Gott geweiht (Gen 28,18f.).
David wird in der Salbung durch Samuel der Geist Gottes übertragen, und damit ist er zum König über Israel bestellt (1 Sam 16,13).
Die Salbung Aarons und seiner Söhne verleiht ihnen das Recht, Priesterdienst zu tun (Ex 40,13ff.).
Wer zum Propheten gesalbt ist, wird vom Geist Gottes erleuchtet (1 Kön 19,16).
Der »Gesalbte des Herrn« (»der Messias« von hebr. »maschiach«, griech. »christos« – »gesalbt«) ist der, der von Gott selbst kommt.
NT: Schon zu Lebzeiten Jesu salben die Apostel Kranke mit Öl und heilen sie (Mk 6,13). Im Gleichnis von den zehn Jungfrauen wird das die Lampen speisende Öl zum Zeichen wacher Hoffnung auf den Messias (Mt 25,1–13). Schließlich wird Jesus als »*der* Gesalbte« bezeichnet (Lk 4,18). Er vereinigt die Salbungsämter des Königs, Priesters und Propheten, denn Gott selbst salbte ihn »mit Heiligem Geist und mit Kraft« (Apg 10,38).

Besiegelung

AT: Mit dem Siegel des Königs wurden Briefe beglaubigt (1 Kön 21,8).
Das Siegel machte persönliches Eigentum für andere unantastbar (Hld 4,12). Der Prophet Ezechiel sah in einer Vision einen Engel, der im Namen Gottes allen reumütigen Bewohnern Jerusalems ein Taw (letzter hebräischer Buchstabe) auf die Stirn drückte. Damit wurden sie von der Tötung verschont (Ez 9,4–6).
NT: »Gott, der Vater, hat Jesus mit seinem Siegel beglaubigt« (Joh 6,27). Das bedeutet, Jesus steht nicht nur unter Gottes besonderem Schutz, sondern Gott »unterzeichnet«, bürgt für ihn; in Jesus sieht sich Gott selbst widergespiegelt.
In der Versiegelung mit Heiligem Geist nimmt Gott von Menschen offiziell Besitz (Eph 1,13). Deshalb werden sie ermahnt: »Beleidigt nicht (durch euren Lebenswandel) den Heiligen Geist Gottes, dessen Siegel ihr tragt für den Tag der Erlösung« (Eph 4,30). Das Geistsiegel ist ein unauslöschliches Merkmal, das standhaft und fest im Glauben macht.

Kreuzzeichen

Das Kreuz mit seinen vier Enden ist in vielen Kulturen Symbol für die Vereinigung von Gegensätzen. Auf antiken Siegeln und Amuletten kommt es als Schutz- und Heilszeichen vor. Weil die Kreuzigungsstrafe in der Antike als schändlichste Todesart galt (vgl. 1 Kor 1,23), haben die ersten Christen das Kreuz nicht als ihr Kennzeichen verwendet, obwohl ihr Herr am Kreuz starb. Erst im 4. Jh., in der Zeit des Kaisers Konstantin, setzte es sich als Zeichen des Sieges Jesu über den Tod, als Zeichen des Lebens durch.

Das Kreuz Jesu macht bewußt, wozu der Haß der Menschen, aber noch mehr, wozu die Liebe Gottes fähig sind. Es macht deutlich, daß es Leben ohne Leiden nicht gibt, aber daß Leiden nicht das letzte Wort hat. Wer über sich das Kreuzzeichen macht, bekennt sich zu Jesus Christus und will sich ganz von ihm in den Dienst an den Mitmenschen nehmen lassen. So ist das Kreuz *das* Zeichen des Christen.

3. Beschreibe die Bilder! Welche Gegenstände und Vorgänge sind abgebildet? Worauf weisen sie hin?

4. Lies nach, in welchen Zusammenhängen diese Dinge in der Bibel vorkommen und vergleiche damit ihre Bedeutung im täglichen Leben!

5. Besprecht, warum die genannten Gegenstände und Handlungen als Zeichen der Firmung geeignet sind!

Die Firmung wird vom Bischof oder einem von ihm beauftragten Priester gespendet. Durch den **Firmspender** wird deutlich, daß der Gefirmte zur Gesamtkirche gehört.

Wir Menschen brauchen immer jemand, der einem rät und hilft. Für ein Leben aus dem Glauben übernimmt der **Firmpate** diese Aufgabe. Er soll fest im Glauben stehen. Bei der Firmfeier bürgt er dafür, daß der Firmling bereit ist, als Christ zu leben. Manchmal muß er sein Patenkind als »Anwalt Jesu Christi und seiner Kirche« an die Firmung erinnern. Es ist sinnvoll, den Taufpaten als Firmpaten zu wählen.

Die Firmung ist nicht nur ein Fest der Jugendlichen, ihrer Eltern und Paten, sondern auch der **Pfarrgemeinde.** Mit ihr wird der Jugendliche in neuer Weise verbunden. In ihr soll er seine neue Verantwortung wahr machen.

Das Sakrament der Firmung wird in einer Gemeindemesse gespendet. Zum Firmritus gehören nach der Erneuerung des Taufbekenntnisses durch die Firmlinge als zentrale Zeichen das Gebet um die Gaben des Heiligen Geistes und die Handauflegung durch den Firmspender. Als ausdeutende Zeichen kommen die Salbung mit Chrisam und die Besiegelung mit dem Zeichen des Kreuzes hinzu.

Exkurs:
Mit 14 Jahren wird mein evangelischer Klassenkamerad konfirmiert

Die meisten Konfirmanden wurden als Säuglinge getauft. Vor ihrer Konfirmation haben sie mindestens 60 Stunden *Konfirmandenunterricht* in ihrer Kirchengemeinde, die auf ein oder zwei Jahre verteilt sind. In diesem soll der junge Christ lernen, den in der Taufe grundgelegten Glauben zu konfirmieren, d. h. besser kennenzulernen, zu stärken und zu vertiefen. Wer konfirmiert ist, wird zum Abendmahl zugelassen.

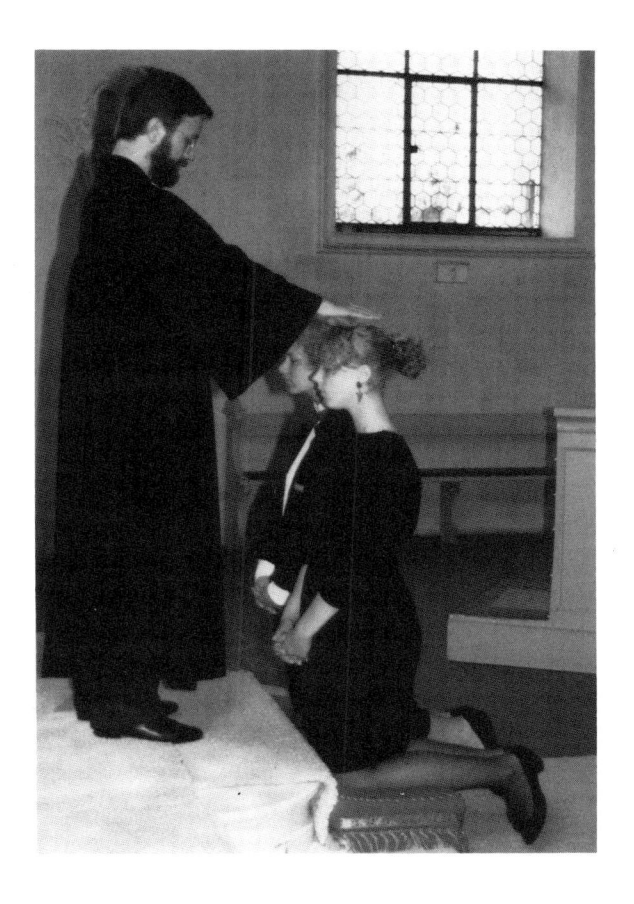

Zur *Feier der Konfirmation* ziehen die Konfirmanden festlich gekleidet mit dem Pfarrer in die Kirche, wo die Gemeinde sie erwartet. Ihr Platz ist in den vorderen Bänken. Indem sie Kernstücke des christlichen Glaubens, wie Abschnitte aus dem Katechismus, Verse aus der Bibel, Strophen von Kirchenliedern, aufsagen, geben sie Rechenschaft von ihrem Glauben und erinnern die Gemeinde an die Lehre der Kirche. Dann predigt der Pfarrer besonders für sie. Es folgt die *Verpflichtung,* in der die Konfirmanden gemeinsam ihr Ja zur Taufe und zur Nachfolge Christi in der Kirche sprechen. Der Pfarrer und die Gemeinde bitten um den Heiligen Geist. Dann treten jeweils zwei Konfirmanden zur *Einsegnung* vor. Der Pfarrer reicht ihnen die Hand oder legt sie ihnen auf den Kopf und spricht dabei jeder Einsegnungsgruppe einen Segen zu. Ein solcher lautet zum Beispiel: »Der himmlische Vater erneuere in euch um Jesu Christi willen die Gabe des Heiligen Geistes zur Stärkung eures Glaubens, zur Kraft in der Nachfolge, zur Geduld im Leiden und zur seligen Hoffnung des ewigen Lebens. Amen.« Nun nennt der Pfarrer jedem Eingesegneten einen eigenen Bibelspruch als *Losung* für sein Leben, wie z. B. »Fürchte dich nicht, ich bin mit dir«. Die Losung ist ein Denkspruch, den der Konfirmierte nie vergessen soll. Damit ist er feierlich als Vollglied der Gemeinde bestätigt und hat das Recht, am Abendmahl teilzunehmen.

An die Konfirmation kann sich die *Abendmahlfeier* anschließen. Dabei wird dessen gedacht, daß Jesus sein Leben am Kreuz hingab zur Vergebung der Sünden der Menschen. Erstmalig nehmen die Konfirmierten am Abendmahl in den beiden Gestalten von Brot und Wein teil.

Die Konfirmation wird mit einem *Familienfest* gefeiert, zu dem die Verwandten, Paten und Freunde eingeladen sind. Man hält ein Festmahl zu Hause oder in einem Restaurant. Dabei wird oft auf den Konfirmierten eine Rede gehalten. Auch wird er reich beschenkt. Von jetzt ab zählt er zu den Erwachsenen. Wer als Erwachsener getauft wird, wird nicht konfirmiert.

1. Vergleiche Konfirmation und Firmung miteinander!

IX. Gefirmt und dann...?

1. Frederick

Rund um die Wiese herum, wo Kühe und Pferde grasten, stand eine alte, alte Steinmauer. In dieser Mauer – nahe bei Scheuer und Kornspeicher – wohnte eine Familie schwatzhafter Feldmäuse. Aber die Bauern waren weggezogen, Scheuer und Kornspeicher standen leer. Und weil es bald Winter wurde, begannen die kleinen Feldmäuse, Körner, Nüsse, Weizen und Stroh zu sammeln. Alle Mäuse arbeiteten Tag und Nacht. Alle – bis auf Frederick. »Frederick, warum arbeitest du nicht?« fragten sie. »Ich arbeite doch«, sagte Frederick, »ich sammle Sonnenstrahlen für die kalten, dunklen Wintertage.« Und als sie Frederick so dasitzen sahen, wie er auf die Wiese starrte, sagten sie: »Und nun, Frederick, was machst du jetzt?« »Ich sammle Farben«, sagte er nur, »denn der Winter ist grau.« Und einmal sah es so aus, als sei Frederick halb eingeschlafen. »Träumst du, Frederick?« fragten sie vorwurfsvoll. »Aber nein«, sagte er, »ich sammle Wörter. Es gibt viele lange Wintertage – und dann wissen wir nicht mehr, worüber wir sprechen sollen.«
Als nun der Winter kam und der erste Schnee fiel, zogen sich die fünf kleinen Feldmäuse in ihr Versteck zwischen den Steinen zurück. In der ersten Zeit gab es noch viel zu essen, und die Mäuse erzählten sich Geschichten über singende Füchse und tanzende Katzen. Da war die Mäusefamilie ganz glücklich! Aber nach und nach waren fast alle Nüsse und Beeren aufgeknabbert, das Stroh war alle, und an Körner konnten sie sich kaum noch erinnern. Es war auf einmal sehr kalt zwischen den Steinen der alten Mauer, und keiner wollte mehr sprechen. Da fiel ihnen plötzlich ein, wie Frederick von Sonnenstrahlen, Farben und Wörtern gesprochen hatte. »Frederick!« riefen sie, »was machen *deine* Vorräte?« »Macht die Augen zu«, sagte Frederick und kletterte auf einen großen Stein. »Jetzt schicke ich euch Sonnenstrahlen. Fühlt ihr schon, wie warm sie sind? Warm, schön und golden?« Und während Frederick so von der Sonne erzählte, wurde den vier kleinen Mäusen schon viel wärmer. Ob das Fredericks Stimme gemacht hatte? Oder war es ein Zauber? »Und was ist mit den Farben, Frederick?« fragten sie aufgeregt. »Macht wieder eure Augen zu«, sagte Frederick. Und als er von blauen Kornblumen und roten Mohnblumen im gelben Kornfeld und von grünen Blättern am Beerenbusch erzählte, da sahen sie die Farben so klar und deutlich vor sich, als wären sie aufgemalt in ihren kleinen Mäuseköpfen. »Und die Wörter, Frederick?« Frederick räusperte sich, wartete einen Augenblick, und dann sprach er wie von einer Bühne herab:

»Wer streut die Schneeflocken? Wer schmilzt das Eis?
Wer macht lautes Wetter? Wer macht es leis?
Wer bringt den Glücksklee im Juni heran?
Wer verdunkelt den Tag? Wer zündet die Mondlampe an?
Vier kleine Feldmäuse wie du und ich
wohnen im Himmel und denken an dich.
Die erste ist die Frühlingsmaus, die läßt den Regen lachen.
Als Maler hat die Sommermaus die Blumen bunt zu machen.
Die Herbstmaus schickt mit Nuß und Weizen schöne Grüße.
Pantoffeln braucht die Wintermaus für ihre kalten Füße.
Frühling, Sommer, Herbst und Winter sind vier Jahreszeiten. Keine weniger und keine mehr. Vier verschiedene Fröhlichkeiten.«

Als Frederick aufgehört hatte, klatschten alle und riefen: »Frederick, du bist ja ein Dichter!« Frederick wurde rot, verbeugte sich und sagte bescheiden: »Ich weiß es – ihr lieben Mäusegesichter!«

Leo Lionni

1. a. Welche Bedeutung hat die Aussage »Mit Nahrung allein würden sie den Winter nicht überstehen« für die Mäuse in der Geschichte?
   b. Versuche diese Aussage auf das Leben der Menschen zu übertragen und ergänze: »Die Menschen brauchen für ihr Leben mehr als das Essen, sie sind angewiesen auf ...«

2. Weißt du, was in dir steckt?

- Frederick erscheint in der Geschichte als der Träumer, der Bequeme, der Schöngeist, aber in Wirklichkeit hat er entscheidende Gaben gesammelt und den anderen Feldmäusen am Ende sogar das Leben gerettet.

- Oft schauen wir gebannt auf Künstler und Stars, was diese alles können.

- »Ja, wenn ich solche Fähigkeiten hätte, dann wäre es einfacher, dieses oder jenes zu vollbringen! Aber was kann ich als durchschnittlich begabter Schüler bewirken, ändern, geben...«

2. Prüfe, welche Fähigkeiten bei dieser Zusammenstellung für dich zutreffen ... und ergänze die Liste!

3. Überlege, welche »Gaben« Du als gefirmter Christ weitergeben und wo du mitarbeiten kannst!

○ Singen
○ Instrumente spielen
○ Lieder einstudieren
○ Mit Gitarre begleiten
○ Malen und Zeichnen
○ Plakate entwerfen
○ Illustrieren
○ Theater spielen
○ _____
○ _____

○ Kontakte knüpfen
○ Andere akzeptieren
○ Zuhören
○ Sich in andere einfühlen
○ Trösten
○ Aufmuntern
○ Babys »sitten«
○ Ausgleichend wirken
○ Vermitteln
○ _____

○ Koordinieren
○ Vorausplanen
○ Entscheidungen treffen
○ Improvisieren
○ Zum Mitmachen motivieren
○ Feste vorbereiten
○ _____
○ _____

○ Treffend formulieren
○ Berichte verfassen
○ Texte gut vortragen
○ Ansprachen halten
○ Briefe schreiben
○ _____
○ _____

3. In deiner Gemeinde wartet auf dich eine Aufgabe!

Was ich am tiefsten verabscheue,
das ist die traurige Rolle des Zuschauers,
der unbeteiligt tut oder ist.
Man soll nie zuschauen. Man soll Zeuge sein,
mittun und Verantwortung tragen.
Der Mensch ohne mittuende Verantwortung
zählt nicht.

Antoine de Saint-Exupéry

T: Wilhelm Willms / M: Peter Janssens, aus: Fest der Hoffnung. 1976
© Peter Janssens Musik Verlag, 4404 Telgte

Wenn jeder gibt, was er hat, dann werden al-le satt,
wenn jeder gibt, was er hat, dann werden al-le satt.
Wir spinnen, knüpfen, weben, wir säen neues Leben
Wir spinnen, knüpfen, weben, wir säen neues Leben.

2. Wir spinnen, träumen, schauen, wir fangen an zu bauen.
   Wir spinnen, träumen, schauen, wir fangen an zu bauen.
3. Wir teilen, was wir haben, wir bringen unsre Gaben.
   Wir teilen, was wir haben, wir bringen unsre Gaben.
4. Kleine Gabe, gute Hand, sättigt Tausende im Land.
   Kleine Gabe, gute Hand, sättigt Tausende im Land.

4. Ist jeder Christ ein Missionar?

Wie wirkt es sich aus, wenn wir uns frei und eigenverantwortlich zum Christsein entschieden und diesen Schritt in der Firmung »besiegelt« haben? In der Pfarrgemeinde finden wir die Gemeinschaft der anderen katholischen Christen, die auf uns mit ihren verschiedenen Aufgaben wartet.

Aber können wir unseren Glauben einfach für uns behalten?

Müssen wir nicht auch andere überzeugen und einladen, Christen zu werden?

4. Spielt den folgenden Sketch!

5. Entwerft und spielt eine zweite Szene, in der Menschen in unserer Gesellschaft eingeladen werden, Christen zu werden.

Teilnehmer:

Sprecher
Vater
Mutter
Großmutter
Kind (Junge oder Mädchen)

1. Szene:

Wohnzimmer. Leise Radiomusik. Vater liest die Zeitung, Mutter deckt den Tisch, Kind kaut am Kugelschreiber und denkt angestrengt nach.

Mutter:
Räum' mal ein wenig die Bücher zur Seite, damit ich den Tisch decken kann!
Vater:
Wenn du immer wieder Löcher in die Luft starrst, wirst du nie fertig.
Kind:
Vater, bist du ein Christ?
Vater: *(geistesabwesend)*
Hm?
Kind:
Ob du ein Christ bist?
Vater:
Das solltest du längst wissen. Wir tragen einen christlichen Namen, wir besuchen den Sonntagsgottesdienst, in unserer Wohnung hängt ein Kreuz. Wir sind getauft und gefirmt.
Kind:
Ich meine, ob du dich richtig als Christ fühlst. Macht der Glaube dir Freude?

Vater:
Du sollst nachdenken, damit du mit deinen Schularbeiten fertig wirst *(zündet sich etwas nervös eine Zigarette an)*.
Kind:
Ich denke ja nach. Das hier ist ein schwieriges Thema.
Mutter: *(beugt sich über sein Heft)*
Wird das ein Aufsatz?
Kind:
So was ähnliches. Ist für die Religionsstunde.
Mutter: *(liest laut vor)*
Jeder Christ ein Missionar? Der heilige Paulus schreibt: »Seid allzeit bereit, jedermann Rechenschaft abzulegen über die Hoffnung, die in euch ist« (1 Petr 3,15). Wie geben wir als Christen unseren Glauben weiter? Das ist wirklich ein schweres Thema! *(sie seufzt)*
Kind:
Vater, wenn du ein Christ bist, bist du dann auch ein Missionar?
Vater:
Ich bin Handwerker, und in meinem Beruf kenne ich mich aus. Aber es gibt auch andere Fachleute, die kennen sich in anderen Dingen aus, sagen wir in Glaubensfragen oder so. Der Pfarrer kennt sich in der Bibel aus, der Katechet im Katechismus. Und der Missionar kennt sich in Afrika, Asien oder Lateinamerika aus. Sicher, ich hätte vielleicht auch Missionar werden können. Aber dann hätte ich deine Mutter nicht geheiratet, und du wärst nicht auf der Welt.
Kind:
Aber hier im Buch steht, jeder Christ ist ein Missionar. Er muß Zeugnis von seinem Glauben und seiner Hoffnung ablegen ... Der Lehrer sagte, daß es nicht genügt, wenn wir rein zufällig in einem christlichen Land geboren sind und getauft wurden. Wir müssen unseren Glauben erfahren. Die Emmausjünger zum Beispiel, die haben die Erfahrung des Glaubens gemacht: Mitten auf ihrer Wanderung sind sie Jesus begegnet. Sie rannten dann schnell zu den anderen und berichteten darüber. Maria Magdalena ging es ähnlich und der Frau am Jakobsbrunnen. Sie waren so voll von dem, was sie erlebt haben, daß sie es einfach weitergeben mußten. Das war wie ein Zwang in ihnen ...
Vater:
So schreib das doch!
Kind:
Aber es geht ja nicht um das, was damals war. Ich muß schreiben, wie wir heute den Glauben erfahren ...
Mutter:
So schreib, wie du den Glauben in der Religionsstunde erfährst!
Kind *(gelangweilt)*
In der Religionsstunde erfahre ich nichts.
Vater:
Das ist es ja, Pfarrer und Lehrer sollten sich etwas mehr einfallen lassen. Das war zu meiner Zeit noch anders. Ich sagte die Antworten aus dem Katechismus wie aus der Pistole geschossen auf. Aber du weißt nicht, was Glaube ist? Kennst du die himmelschreienden Sünden, die sieben geistigen und leiblichen Werke der Barmherzigkeit, die Kirchengebote? Ich wette, daß du sie nicht alle zusammenbringst!
Mutter:
Vater hat recht. Wir lernten früher mehr.
Kind:
Wir lernen auch. Aber Auswendiglernen ist noch kein Glaube.
Mutter:
Die Großmutter wird gleich hier sein. Du kannst sie fragen, was du schreiben sollst. Großmutter kennt sich in Bezug auf Mission viel besser aus. Sie gehört seit Jahren einer missionarischen Gruppe an. Sie stricken und sammeln für die Mission.
Kind:
Aber ich soll doch über unseren Glauben schreiben.
Vater:
Jetzt hör' aber endlich auf. Mission ist Glaubensverkündigung, das solltest du längst kapiert haben.
Kind:
Die Frage heißt: Wie geben wir als Christen unseren Glauben weiter? Wie zeigt sich unser Glaube in unserem Leben ... Bei der Arbeit. Vater, sprichst du dann schon mal über deinen Glauben?
Vater:
Ich bin doch kein Zeuge Jehovas. Ich bin ein anständiger, fleißiger und pünktlicher Arbeiter. Darin zeigt sich mein Glaube.
Kind:
Als Christ?
Mutter:
Da hast du recht. Es gibt auch anständige, fleißige und pünktliche Nichtchristen. Vielleicht müßte bei uns noch etwas hinzukommen ...

2. Szene ... ?

»Ich habe mich einfach anstecken lassen.«

Meinen Weg gehen

Die großen mittelalterlichen Kathedralen hatten in ihren Langhäusern Bodenlabyrinthe. Als sogenannte Umgangsfiguren mit einem Durchmesser von ca. zwölf Metern luden sie den Kirchenbesucher zum Abschreiten des ganzen Weges (in Chartres 294 m) ein. Sie waren nach Westen, der »Todesrichtung«, hin geöffnet.
In Chartres ist gleichsam über das Labyrinth ein Kreuz gelegt, dessen Form immer wieder zur Umkehr, in gewisser Weise zu einem »Kreuzweg« zwingt.

Das Labyrinth kann ein Sinnbild des Lebens sein: Ein Gewirr von Gängen und Wegen, die immer neu in Sackgassen zu enden scheinen. Manchmal glaubt man, die Mitte erreicht zu haben – und gleich darauf sieht es so aus, als würde man erneut am Anfang stehen.
Das Labyrinth ist kein Irrgarten ohne Mitte und Ziel. Wer hier unterwegs bleibt, also Schritt für Schritt weitergeht, Windung um Windung, kann sein Ziel nicht verfehlen, er kommt mit Sicherheit an und findet ebenso sicher seinen Weg wieder zurück.
Das Labyrinth kann auch ein Sinnbild für den Weg des Glaubens sein: Es ist der Weg zu sich selbst und zu Gott. Auch wenn die Wegstrecke lang und unübersichtlich erscheint, wird sie für den Glaubenden nicht in Verzweiflung und Hoffnungslosigkeit enden. Dies will auch die Rosette über dem Labyrinth verdeutlichen: Auf der Westseite, dort, wo die Sonne untergeht, ist in dem herrlichen Glasfenster das neue Leben mit Gott auch über den Tod hinaus dargestellt.
Wer auf diesem Weg zur Mitte gelangt ist, hat zu seiner eigenen Mitte und zu Gott gefunden. Er sieht sich und die Welt mit anderen Augen. Wer um diese Mitte weiß, wird deshalb als ein anderer wieder den Weg hinaus antreten, hinaus in die Welt.
Der Weg des Christen ist ein Weg zur Mitte und wieder hinaus, in die Welt; als Gefirmter weiß er sich auf diesem Weg geleitet und gestärkt vom Geist Gottes, dem Hl. Geist.